Johannes Dubbel · Profile

JOHANNES DUBBEL

Profile

Gespräche
mit engagierten Zeitgenossen

CHRISTLICHES VERLAGSHAUS
STUTTGART

Bücher mit diesem Zeichen wollen
aktuell und biblisch Christus bezeugen.

ABCteam-Bücher erscheinen in folgenden Verlagen:

Aussaat Verlag Neukirchen
R. Brockhaus Verlag Wuppertal
Brunnen Verlag Gießen / Basel / Woltersdorf
Christliches Verlagshaus Stuttgart
(und Evangelischer Missionsverlag)
Oncken Verlag Wuppertal

Umschlaggestaltung: Dieter Betz, Weissach
Gesamtherstellung: Druckhaus West GmbH, Stuttgart
ISBN 3-7675-3485-1

Inhalt

Vorwort

Wer, bitteschön, sind denn Runhild Moritz, Paul Hatzopoulos und all die anderen Personen, die in diesem Buch vorgestellt werden? Wo bleibt der »big name«, der Star, der über seinen christlichen Glauben plaudert? Vielleicht haben Sie sich diese Fragen gestellt, als Ihr Auge über das Inhaltsverzeichnis gehuscht ist. Habe ich in meinem Erstlingswerk »Aus dem Leben gegriffen« noch solche illustren Größen wie Popsänger Cliff Richard oder den Sportler Bernhard Langer, einen der weltbesten Golfer, portraitiert – in diesem Buch habe ich auf bekannte Namen verzichtet. Im Rampenlicht stehende Persönlichkeiten müssen mit ihren Äußerungen vor dem Mikrofon äußerst vorsichtig sein. Schließlich können »ungeschickte« Formulierungen ihren Marktwert rasant senken.

Solche Sorgen müssen sich die in diesem Buch vorgestellten Personen wohl nicht machen. Deshalb können sie auch über die Schattenseiten ihres Lebens offen und ehrlich reden. Und gerade diese ungeschminkte Aufrichtigkeit ist es, die mich in den oft langen Gesprächen beeindruckt hat und – so mein Wunsch – auch viele Leser ansprechen wird. Hier kommen Christen zu Wort, die ihr Engagement nicht an die große Glocke hängen. Vielleicht sind sie gerade deshalb so überzeugend.

Johannes Dubbel

Dem Tod von der Schippe gesprungen

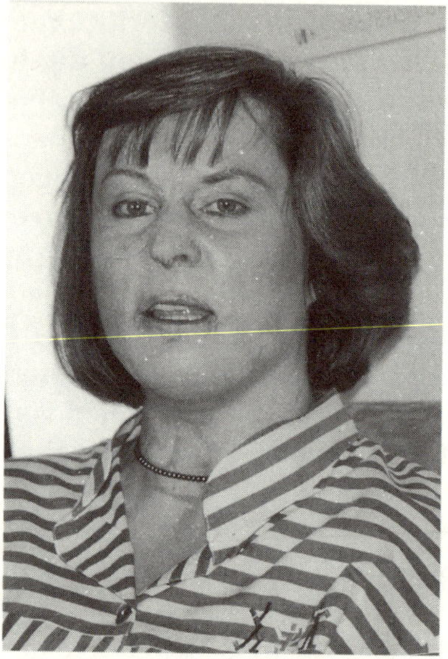

Runhild Moritz'

neue Identität nach einem schweren Brandunfall

Das Essen hatte sehr gut geschmeckt. Runhild Moritz, ihre Freundin und deren Mutter dachten allmählich ans Bezahlen. Zwar war es erst acht Uhr abends, aber man wollte nach Hause. Das eher ungemütliche Novemberwetter lud nicht gerade zu weiteren Unternehmungen ein. Sie saßen in einem geschmackvoll eingerichteten China-Restaurant. Insbesondere die hübschen Trockengestecke auf den Tischen hatten es den drei Frauen angetan. In diesem Moment wußte keine von ihnen, daß gerade diese

Blumensträuße ihnen zum Verhängnis werden sollten.

Drei Tage zuvor war die 26jährige Runhild Moritz mit ihrer Freundin ins holländische Hilversum gekommen, um deren Mutter zu besuchen. An diesem Abend waren die beiden jungen Frauen zum Essen eingeladen worden. Während die Mutter ihre Geldbörse zückte, beobachtete Runhild Moritz, wie der Kellner am Nachbartisch eine frische Tischdecke auflegen wollte. Vorher stellte er die brennende Kerze vom Tisch auf den Servierwagen. Er übersah jedoch, daß sich dort ein sehr großes chinesisches Trockengesteck befand. Die Kerze fiel um. Sofort standen Gesteck, Tischdecke und der Teppichboden in Flammen. Im ersten Moment dachte Runhild, der Kellner bekäme das Feuer unter Kontrolle, »aber nach ein paar Sekunden war ich mir da nicht mehr so sicher«.

Runhild Moritz versuchte, sich in Sicherheit zu bringen. Doch auf Höhe des nächsten Tisches wurde sie von einem mächtigen Feuerschwall erwischt. Sie wurde ohnmächtig, wachte aber kurze Zeit später wieder auf. Im ganzen Restaurant war es stockdunkel. Die Sicherungen waren herausgesprungen. Wie in Trance tastete sich die Pastorentochter an der Wand entlang. Auf einmal hagelte es Glassplitter. Von außen wurde ein Fenster eingeschlagen. Ein Mann streckte ihr seine Hand entgegen und zog sie aus dem flammenden Inferno. Auf der Straße warteten bereits Notärzte und Krankenwagen.

Runhild wurde ins nächstgelegene Krankenhaus gefahren und erstversorgt. Dann wurde es Nacht um sie. Damit sie die nächste Zeit überstehen konnte, hatten die Ärzte sie in eine künstliche Bewußtlosigkeit versetzt.

Erst sechseinhalb Wochen später wachte sie wieder auf – in einer Spezialklinik in Ludwigshafen. Hier erfuhr sie das verheerende Ausmaß der Katastrophe: Drei Menschen waren in den Flammen ums Leben gekommen, darunter die Mutter ihrer Freundin. Sie hatte keine Kraft mehr gehabt, den Ausgang zu erreichen. 18 Personen hatten sich mehr oder weniger schwere Brandverletzungen zugezogen. Runhilds Freundin konnte sich ohne starke Verbrennungen aus dem Restaurant retten. Sie selbst aber hatte es von allen Überlebenden am schlimmsten erwischt. 37 Prozent ihres gesamten Körpers waren verbrannt, davon 32 Prozent dritten Grades, teilweise auch vierten Grades, und die restlichen fünf Prozent zweiten Grades. Außerdem hatte sie durch das Einatmen von Feuer und heißer Luft ein Inhalationstrauma erlitten. Ihre Atemwege waren so schwarz wie eine frischasphaltierte Straße.

Es dauerte lange, bis Runhild realisierte, was mit ihr passiert war. Beim Händewaschen sah sie ihr Gesicht nach dem Unfall zum ersten Mal. »Ich habe ganz unwillkürlich in den Spiegel geschaut und sah, wie auf einmal ein knallroter Teufel auf mich zukam. Meine Haare waren damals noch sehr kurz und standen wie Hörnchen vom Kopf ab.« Im ersten Moment fragte sie sich, wie man denn so herumlaufen könne. Aber dann registrierte sie im Bruchteil von Sekunden: »Das bin ja ich!«

Als am Nachmittag ihre Eltern zu Besuch kamen, brach alles aus der jungen Frau heraus. Sie weinte hemmungslos. »Das war ich einfach nicht mehr. Ich hatte vorher lange Haare, jetzt fehlte der größte Teil. Das Gesicht hatte überhaupt keine Züge mehr, war nur dick und häßlich rot.« Viele Wochen vermied sie jeden Blick in einen Spiegel. Die Toilette suchte sie nur noch mit gebeugtem Kopf auf.

Runhild Moritz hatte in ihrem Elternhaus gelernt, alles mit Gott zu besprechen. Dieses Bedürfnis hatte sich verstärkt, seit ihr Glaube während ihrer Zeit als Krankenschwester in einer Stuttgarter Klinik gereift war. Doch jetzt, in der Einsamkeit des Intensivzimmers, hatte sie manchmal das Gefühl, als sei Gott sehr weit weg. »Diese Nähe, die ich von vorher kannte, war nicht mehr so deutlich spürbar.«

Es halfen ihr die Besuche, die sie jeden Tag bekam. Freunde und Bekannte nahmen mehrere Stunden mit dem Auto auf sich, um der Schwerkranken Mut zu machen. »Sie haben mir aus der Bibel oder anderen Büchern vorgelesen. Dadurch war Gott in meinen Gedanken präsent.« Vor allem tat ihr gut zu wissen, »daß unheimlich viele Leute für mich beteten«.

Trotz der niederschmetternden Diagnose, die die 26jährige von den Ärzten erhalten hatte, und trotz des Schreckens beim ersten Blick in den Spiegel: Runhild resignierte nicht. Das lag weniger daran, daß sie ein positiv denkender Mensch ist, als vielmehr an einem Gespräch mit ihrer Seelsorgerin. Diese vertraute ihr an, daß sie Gott darum gebeten habe, Runhild sterben zu lassen. Aber ihre Gebete seien wie gegen eine Mauer geprallt. Das habe sie veranlaßt, künftig anders zu beten. Wenn Gott ihre entstellte Freundin leben ließe, dann müsse er ihr eben auch die nötige Kraft dazu geben. »Das hat mir in schwierigen Situationen geholfen, nicht aufzugeben«, erinnert sich die heute 30jährige.

Insgesamt 17 Operationen – fast ausschließlich Transplantationen – mußte sie bis jetzt über sich ergehen lassen. Allmählich lernte Runhild Moritz, sich zu bewegen, selbständig zu essen und sich anzuziehen. Es war ein mühsamer Weg, die normalen Dinge des Alltags neu zu erlernen. Mit Hilfe von Krankengymnastik, Beschäftigungstherapie und eines starken Willens war sie nach eineinhalb Jahren soweit, wieder auf eigenen Füßen stehen zu können.

In ihrem Beruf als Krankenschwester kann sie heute zwar nicht mehr arbeiten, trotzdem bleibt sie ihrer Zunft erhalten. Zur Zeit macht Runhild Moritz eine Ausbildung zur Lehrerin für Pflegekräfte. Ende 1993 wird sie mit dieser Tätigkeit beginnen. Sie hofft, daß ihre lädierten Stimmbänder diese Strapazen aushalten werden.

Der schwere Unfall hat die junge Frau verändert – nicht nur ihr Äußeres. Auch manche Lebensträume und Wünsche haben sich gewandelt, d. h. sie mußten der bitteren Realität angepaßt werden. Dies fällt ihr schwer. Das Umdenken hat sie aber auch dankbarer gemacht. Allein die Tatsache, daß sie lebt und ohne weiteres 70 oder 80 Jahre alt werden kann, ist für sie heute alles andere als selbstverständlich.

Kaum zu glauben, was Runhild Moritz noch feststellt: »Früher war ich ein sehr ernster, grüblerischer Mensch. Inzwischen bin ich freier und fröhlicher geworden, gehe viel offener mit vielen Dingen um. Die lange Zeit im Krankenhaus hat zu einer Horizonterweiterung geführt.«

Geblieben ist die Angst vor Restaurantbesuchen. Nur sehr ungern geht Runhild in Lokale, die sich im zweiten oder dritten Stock befinden. Eine Visite im Stuttgarter Fernsehturmrestaurant ist absolutes Tabu. Bevor sie in ein Speiselokal geht, sieht sie sich genau um: Sind die Fenster vergittert? Wo ist der Notausgang? Irgendwann möchte sie allerdings wieder ein chinesisches Restaurant aufsuchen. Runhild lächelt und flüstert geheimnisvoll: »Das möchte ich aber nur mit jemand ganz Bestimmtem tun.«

Wenn der Traum zum Alptraum wird

Der Ausstieg
des Fußballers

Stefan
Mees

Wovon viele sportbegeisterte Jugendliche träumen, wurde für Stefan Mees zum Alptraum: einmal in der Bundesliga, der höchsten deutschen Fußballklasse, zu spielen. Der 24jährige hat nicht nur die Sonnenseite des Profigeschäfts, sondern auch dessen Auswüchse kennengelernt. »Alles Zirkus«, konstatiert der kräftige junge Mann mit den durchtrainierten, muskelbepackten Oberschenkeln, »die Fassade muß um jeden Preis gewahrt bleiben.«

Die ungewöhnliche Geschichte des Stefan Mees begann 1990. Als Vertragsamateur wechselte er vom pfälzischen Verbandsligisten Jahn Zeiskam zum Karlsruher SC in die Bundesliga. Die Verantwortlichen des Vereins aus dem Fußball-Oberhaus waren auf den Stürmer aufmerksam geworden, weil er mit 29 Saisontreffern Torschützenkönig geworden war. In der regionalen Presse wurde er als großes Talent gehandelt. Zwar bemühte sich auch der pfälzische Traditionsclub 1. FC Kaiserslautern um den jungen Mann, aber die Badener lockten mit einem monatlichen Grundgehalt von 3.750 DM plus Gewinnprämien. Für den gelernten Steuerfachgehilfen war das ein kleines Vermögen. »Das war natürlich eine Supersache, so eine Chance zu bekommen. Was gibt es Besseres, als sein Hobby zum Beruf zu machen?« Schließlich war er, seit er laufen konnte, dem runden Leder hinterhergewetzt.

Schnell machte es in dem überschaubaren Dorf die Runde, daß »ihr Stefan aus der Raiffeisenstraße« zum großen KSC wechseln würde. Auch die Eltern Mees waren stolz auf ihren Sprößling. Doch der mußte erst einmal Lehrgeld zahlen. Mees teilte in Karlsruhe das Schicksal vieler junger Fußballtalente, die beim Trainer, der die Mannschaft aufstellt, keine Lobby haben. Auf der Ersatzbank fristete er ein Schattendasein, ihm ging es »von Tag zu Tag beschissener«.

Im Nachhinein gibt er zu, daß er sich zu viele Illusionen gemacht hatte. Für einen 21jährigen wohl völlig normal. »Hier in Zeiskam hat die Truppe zusammengehalten, da hat jeder für den anderen gekämpft. Aber wo es um viel Geld geht, da schaut jeder, daß er sein Schäfchen ins Trockene bringt«, erzählt er in seinem Pfälzer Dialekt.

Die alte Sepp-Herberger-Weisheit »Elf Freunde müßt ihr sein« findet in einem auf Profit ausgerichteten Fußballverein (oder sollte man besser sagen: Wirtschaftsunternehmen?) wenig Gehör. »Jeder hat geguckt, daß er zu den elf Spielern gehörte, die samstags im Stadion aufgelaufen sind«, zieht Mees ernüchtert Bilanz. Sich verbal oder durch übermäßig harten Einsatz im Training in den Vordergrund zu spielen, das war nicht seine Sache. Mees blieb, wo er war: ganz unten in der Hackordnung einer Profi-Zweckgemeinschaft. Ganze zwei Mal kam er in einem Bundesligaspiel zum Einsatz. Gegen den VfB Stuttgart wurde er eingewechselt, lediglich gegen Bayer Leverkusen stand er von Anfang an auf dem Feld.

Stefan Mees' zweite Saison beim Karlsruher SC verlief ähnlich unbefriedigend. Folgerichtig flatterte fristgerecht drei Monate vor Vertragsende die Kündigung des Vereins ins Haus. Eine Verletztenmisere der Mannschaft spülte den Nobody dann kurz vor Saisonende urplötzlich ins Rampenlicht. Mees absolvierte fünf Spiele, bot überzeugende Leistungen. Auf einmal waren sie da, die Schulterklopfer. Diejenigen konnten es besonders gut, die ihn noch wenige Wochen vorher so schnell wie möglich loswerden wollten. Der Edel-Reservist bekam vom Karlsruher SC ein neues Angebot. Er könne 10.000 Mark monatlich verdienen, hieß es. Trainer Winfried Schäfer schmierte dem verdutzten Shooting-Star Honig um den Mund. »Er hat mir versprochen, daß ich sein Mann sei für die linke Seite und daß ich in der nächsten Saison einen Stammplatz habe.« Das Angebot war verlockend, aber »du fragst dich, was die zwei Jahre zuvor los war. Da hatten sie sich überhaupt nicht um dich gekümmert«.

Stefan Mees konnte diese negativen Erfahrungen nicht einfach aus seinem Gedächtnis streichen. Am Tag nach dem letzten Saisonspiel gegen den FC Bayern München, bei dem er noch einmal groß aufgetrumpft hatte, rief er Trainer Schäfer an und teilte ihm mit, daß er nicht mehr beim KSC spielen werde. »Der Trainer hat das respektiert und gesagt, daß er den Hut vor mir zieht.«

Aber nicht nur die Badener waren auf das Nachwuchstalent aufmerksam geworden. Auch der deutsche Rekordmeister, der FC Bayern München, wollte sich den ambitionierten Newcomer angeln. Manager Uli Hoeneß bot dem verdutzten Stefan Mees in einem vertraulichen Gespräch in Sandhausen einen Vertrag zu traumhaften Konditionen an. Was keiner der mit Geldscheinen winkenden Manager wußte: Stefan Mees hatte für sich bereits eine Entscheidung getroffen. Er wollte, zumindest vorübergehend, aus dem Geschäft aussteigen. Mit vielen Mechanismen der Branche könne und wolle er sich im Moment als überzeugter Christ nicht identifizieren, erzählt der Kicker. Wichtige Wertmaßstäbe blieben im Profifußball auf der Strecke. Alles drehe sich nur ums Geld.

»Du wirst behandelt wie eine Maschine«, stellt der Mittelfeldspieler ernüchtert fest, »es zählt nur der Erfolg. Wenn du unten bist, bist du für jeden uninteressant. Wenn du oben bist, klopfen dir dieselben Leute auf die Schulter.«

Wenn Stefan Mees über diese Thematik redet, wird er nachdenklich und traurig zugleich. »Wo leben wir denn?« fragt er, »Fußball ist doch nicht das höchste Gut dieser Welt.« Der Pfälzer, im Teenageralter bereits aktives Mitglied seiner Kirchengemeinde und auch heute noch dort engagiert, hatte mit seinen Kollegen beim Karlsruher SC über solche grundlegenden Fragen gesprochen. »Im kleinen Kreis entwickelten sich manchmal fruchtbare Diskussionen, wenn ich meine Bibel ausgepackt und darin gelesen habe. Aber in der großen Gruppe markierte jeder den starken Mann. Da war der Ofen dann aus.« Nun also wollte er raus aus »dieser Tretmühle, andere Leute kennenlernen und Abstand gewinnen«. Wo man das am besten macht? Na, hinter Klostermauern.

Sechs Monate lang zog sich Stefan Mees in die evangelische Christusbruderschaft ins fränkische Selbitz zurück. Einige Wochen zuvor hatte er diese Kommunität während einer Silvesterfreizeit kennengelernt. Hier war er nicht der kommende Mittelfeldstar, hier war er einer von vielen. Es sind vorwiegend »Schwestern«, die in dem Gebäudekomplex (bestehend aus Altersheim, Gästehaus und Mutterhaus) leben; außerdem haben fünf »Brüder« der Kommunität Treue gelobt.

Stefan absolvierte ein »gemeinsames Leben auf Zeit«. Vormittags half er in der Haustechnik, an jedem Nachmittag nahm er an einer knapp zweistündigen Zeit der Besinnung teil. Meditationen, Gebete und intensives Nachdenken über die eigene Person wurden feste Bestandteile seines Tagesablaufs. Die zwei Jahre beim Karlsruher SC, die ihn innerlich aufgewühlt hatten, konnte er – nicht zuletzt aufgrund zahlreicher Gespräche mit einem der »Brüder« – verarbeiten. Von wegen weltfremde Klosteridylle, »die Leute dort stehen mit beiden Beinen fest auf der Erde«, hatte Stefan Mees festgestellt. So war es für den Kicker aus Leidenschaft, dessen Fußnerven bereits fordernd zucken, sobald sein Auge nur ein rundes Leder entdeckt, kein Problem, zweimal in der Woche beim bayerischen Landesligisten Bayern Hof mitzutrainieren.

Heute, nachdem Stefan Mees in seine pfälzische Heimat zurückgekehrt ist, kickt er wieder regelmäßig mit dem runden Leder: bei seinem alten Verein Jahn Zeiskam in der pfälzischen Verbandsliga. Doch die ersten Monate nach Selbitz waren für ihn eine enorme Umstellung. Natürlich hatte er sich auf Friederike, seine Verlobte, und auf seine Familie gefreut. Aber die regelmäßigen Verschnaufpausen, die gesunde Ausgewogenheit zwischen geistig-geistlicher Arbeit und körperlicher Anstrengung, die er in der Kommunität als wohltuend empfunden hatte, vermißt er bis heute.

Seit dem Spätsommer besucht Stefan Mees eine wirtschaftliche Fachoberschule. Was danach wird, ist noch unklar. Zwei Möglichkeiten kommen für ihn in Frage: entweder ein Studium an der Fachhochschule oder aber die Rückkehr in den Profifußball. Der 24jährige hält weiterhin engen Kontakt zu einem sogenannten »Spielervermittler«, der die Verbindung zwischen Vereinen und Spielern herstellt. Stefan Mees ist überzeugt, jetzt die innere Standfestigkeit zu besitzen, um in dem knallharten Geschäft bestehen zu können. Knapp zwei Jahre lang war er freiwillig in die Rolle des Bundesliga-Fernsehkonsumenten geschlüpft. Aber, so denkt sich Mees heute: »In der ersten Liga zu spielen, ist allemal besser, als lediglich in der ersten Reihe zu sitzen.«

Eine Hausfrau wird Flüchtlingshelferin

Margot
Eberles

Engagement
für Ausländer

Als Margot Eberle vom Brandanschlag auf ein von Ausländern bewohntes Haus in Solingen erfuhr, schoß ihr urplötzlich ein zuvor nie dagewesener Gedanke durch den Kopf: »Ich muß unbedingt meinen Mann fragen, ob unsere Feuerlöscher in Ordnung sind.« Das zunehmend ausländerfeindliche Klima in der Bundesrepublik ließ sie nicht unberührt. Warum sollte nicht auch ihre Wohnung zur Zielscheibe gewalttätiger, rechtsradikaler Jugendlicher werden? Schließlich beherbergen sie und ihr Mann seit vielen

Jahren ausländische Menschen, meist Flüchtlinge, in ihrem Zweifamilienhaus im schwäbischen Nellingen.

Im Jahr 1980 las das Ehepaar im städtischen Mitteilungsblatt davon, daß 40 eritreische Flüchtlinge angekommen seien. Die Stadt fühlte sich völlig überfordert und suchte Bürger, die bei der Versorgung behilflich sein könnten. Eberles war klar: Hier ist unser Engagement gefragt.

Bisher hatten sie sich vor allem um die familiären Belange gekümmert. Schließlich galt es, vier Kinder großzuziehen. Aber jetzt waren die meisten zum Studium aus dem Haus. Warum also sollten die Kinderzimmer leer stehen? Schließlich wußte das Ehepaar um die bedrückende Situation in Eritrea, einer Provinz im Norden von Äthiopien. Eine Frau aus ihrer methodistischen Kirchengemeinde arbeitete dort als Missionarin und hatte bei ihren Heimataufenthalten über das Land berichtet. Doch jetzt war es vorbei mit der sicheren Distanz. Jetzt war es nicht mehr mit steuerlich absetzbaren Spenden getan. Nun lebten 40 eritreische Menschen in der Stadt, manche von ihnen saßen sonntags auf derselben Kirchenbank.

Eberles brachten in den Geschäftsräumen des Mannes eine fünfköpfige Familie unter und stellten auch die Einliegerwohnung des Familienhauses zur Verfügung. Damit standen sie allerdings vorerst ziemlich allein da. Auch in christlichen Kreisen ist der Begriff »Besitzstandsdenken« kein Fremdwort.

»Es ist kein Problem, solange man nach alten Kleidern, Matratzen oder Möbeln fragt«, mußte Margot

Eberle erfahren, »aber sobald man vorsichtig nachhakt, ob nicht für eine Zeitlang in einem riesigen Haus, in dem zwei Leute wohnen, ein Zimmer frei ist, wird es schwierig.« Für Margot Eberle war es dagegen wichtig, daß die Leute »schmecken und sehen, wie freundlich Gott ist«. Sie habe erst später entdeckt, erzählt sie, wie viele Flüchtlingsgeschichten in der Bibel stehen. Außerdem: »Wenn ich nur an die vielen Textstellen denke, die vom Teilen reden. Wir teilen unsere alten Kleider; aber vom biblischen Teilen sind wir meist meilenweit entfernt.«

Gemeinsam mit zwei weiteren Familien und zwei Gymnasiasten riefen Eberles die Bürgerinitiative »Freundeskreis Asyl« ins Leben. Sie boten den afrikanischen Neuankömmlingen Sprachkurse an und versuchten, ihnen Arbeitsplätze zu vermitteln. Das war bis Juni 1980 noch möglich. Dann wurde das Arbeitsverbot für Asylbewerber in Baden-Württemberg eingeführt. Seitdem haben sich die einengenden Maßnahmen gegen die Asylbewerber kontinuierlich verschärft. Jusuf, ein Kurde, der Eberles oft besuchte, wurde acht Jahre hingehalten, bis er als Asylsuchender anerkannt wurde. Er kam aus dem Bergland der Türkei und war gefoltert worden. Das Dorf, aus dem er stammte, wurde dem Erdboden gleichgemacht, weil die Nato dort Stützpunkte baute. »Jusuf wurde aufgrund westlicher Sicherheitsinteressen aus seiner Heimat vertrieben, aber bei uns hatte er keine Chance«, erzählt die 50jährige sichtlich erregt.

Sie sei durch diese Arbeit politisch aufgewacht,

meint Margot Eberle. Sie habe das Wirtschaftssystem bis dahin einfach nicht durchschaut. Dann habe sie mit Schrecken festgestellt, daß »wir uns alles mögliche leisten können – nur keine Menschen, die auf der Flucht sind. Ich habe gemerkt, wie unehrlich die Politik ist.«

Am Beispiel des Iraners Ali, der drei Jahre lang in Eberles Haus wohnte, habe sie erfahren, daß Wirtschaftsinteressen des eigenen Landes über die elementarsten Bedürfnisse anderer Menschen gehen können. »Ali hatte noch Splitter im Rücken von einem Gewehr eines deutschen Herstellers. Er war selbst in der iranischen Armee und hatte während des Krieges mit dem Irak damit geschossen. Er sagte, sein ganzes Land sei voll von deutschen Waffen.«

Seit dieser Zeit geht Margot Eberle an jedem Freitag nachmittag mit Gleichgesinnten in die Fußgängerzone Esslingens zum »Schweigen für den Frieden«. Zwar hat sie sich immer wieder gefragt, ob das alles einen Sinn macht, aber »seit die schlimmen Überfälle auf Ausländer geschehen, ist es mir wieder wichtig«. Viele Ausländer bleiben bei der demonstrierenden Gruppe stehen und bedanken sich für die Solidarität.

Bei allem Idealismus und Engagement: 1987 wuchs ihr die Asylarbeit über den Kopf. Es war nicht so sehr das körperliche Ausgelaugtsein; das ständige Gegen-den-Strom-Schwimmen raubte ihr die Kraft. Gerade recht kam da das Angebot der städtischen Musikschule, als 60 %-Arbeitskraft Flötenunterricht zu erteilen. »Ich wußte, das ist es. Da mache ich was mit Kindern, etwas, das anerkannt ist und wo ich nicht immer die Buhfrau bin, der die Menschen aus dem Weg gehen, weil sie Angst haben, von mir hinterfragt zu werden.«

Im Laufe der Jahre hat sich der 1980 gegründete Arbeitskreis ASYL vergrößert, so daß sich heute die vielfältig notwendige Arbeit für Flüchtlinge auf ca. 20 MitbürgerInnen verteilt, was für Margot Eberle und ihren Mann eine große Entlastung bedeutet. Mit der durch den Krieg hervorgerufenen Not im ehemaligen Jugoslawien stellten sich neue Aufgaben. Seit Herbst 1992 organisiert Ernst Eberle Hilfstransporte in das vom Bürgerkrieg zerrüttete Bosnien.

Voller Entsetzen denken er und seine Frau noch an die Nacht zum 8. Juli 1992 zurück. Im Nachbardorf Kemnat droschen sieben betrunkene Rechtsradikale wahllos mit Baseballschlägern auf den 55jährigen Kosovo-Albaner Sadri Berisha und dessen Landsmann ein, bis der ältere Mann tot war und der jüngere schwer verletzt am Boden lag.

Sofort starteten Eberles mit einem befreundeten Ehepaar eine Kampagne gegen Ausländerfeindlichkeit. Mit einer Unterschriftenaktion und einer Traueranzeige, die in allen Ostfilderner Kirchengemeinden verlesen wurde, machten sie auf ein eilends eingerichtetes Spenden-Sonderkonto aufmerksam. 20 000 Mark konnten den Hinterbliebenen des Toten und dem bis heute arbeitsunfähigen Landsmann überwiesen werden.

Aber nicht immer stoßen solche Aktionen auf Zustimmung. Das mußte Margot Eberle bei einem

Seniorentreff erleben, zu dem sie eingeladen worden war. Einige der alten Leute schrien die Frau nieder, als sie um Verständnis für die Situation der Flüchtlinge warb. »Ich mußte mir die unglaublichsten Dinge anhören. Deutschland gehöre den Deutschen; die sollten lieber dahin gehen, wo sie herkommen, die Ärmel hochkrempeln und ordentlich schaffen«, erzählt Margot traurig.

Zur Zeit wohnt Zeqir, ein Flüchtling aus Kosovo, bei den gastfreundlichen Eberles. Der 39jährige hat Frau und vier Kinder zu Hause zurücklassen müssen. Bei Eberles fühlt er sich wohl. Wenn es sich ergibt, essen sie gemeinsam zu Abend.

Schlechte Erfahrungen mit ihren ausländischen Hausbewohnern haben Eberles in den letzten dreizehn Jahren nicht gemacht. »Wir haben in unserem Haus keine Tür und keine Schublade, die man abschließen kann. Ich lasse auch meine Handtasche mit Geldbeutel im Flur liegen. Es ist noch nie etwas weggekommen.«

Manchmal bringt Zeqir Freunde mit und setzt sich mit ihnen hinters Haus ins Grüne. »Das brauchen sie, um gesund zu bleiben«, zeigt Margot Eberle Verständnis. Denn Zeqirs Freunde hausen mit 60 anderen Leuten in einem Containerdorf. Jedem von ihnen steht eine Wohnfläche von 4,5 Quadratmetern zur Verfügung. Zum Vergleich: Tierschützer beanspruchen für einen deutschen Schäferhund fast die doppelte Fläche.

»Meine Gemeinde wird abends eingesperrt«

Der Knastpfarrer

Ernst Ergenzinger

Über 450 Jahre ist sie alt, die Bergfestung Hohenasperg in der Nähe von Ludwigsburg. Viele Einheimische reden wohlweislich vom »Tränenberg«. Wo sich im 18. und 19. Jahrhundert das Staatsgefängnis befand, steht heute das Landesjustizvollzugskrankenhaus. Etwa 2.000 Häftlinge aus ganz Baden-Württemberg werden hier jährlich behandelt und betreut: Suizidgefährdete, psychisch Kranke, Gefangene, die sich bei Fluchtversuchen ihre Knochen gebrochen haben, und die ›Schlucker‹. »Das sind keine Alkoholiker«, erklärt Gefängnispfarrer Ernst Ergenzinger, »sondern Leute, die Messer, Gabel, Löffel und andere Fremdkörper hinunterschlucken. Meistens wollen sie damit die Verlegung in eine andere Anstalt erreichen. Manche von ihnen haben einen Magen, der wie ein Schachbrett aussieht; so oft sind sie schon operiert worden.«

Ernst Ergenzinger betreut die kranken Häftlinge auf dem Hohenasperg seit knapp sieben Jahren. Dabei wurde ihm diese Arbeit nicht in die Wiege gelegt. Aufgewachsen ist der gebürtige Stuttgarter nämlich als »Heidenknäblein«, wie er sagt. Als Kind wurde er nicht getauft. Das Erleben von brutaler Gewalt während des Zweiten Weltkrieges und der damit verbundene Wunsch nach Frieden trieben ihn zum Theologiestudium. Nach einem Zusatzstudium der Sozialpädagogik und einer Fortbildung zum Familientherapeuten war der berufliche Werdegang vorprogrammiert. »Da war es eigentlich ganz logisch, daß ich in den Knast gehen mußte«, erinnert sich der 55jährige.

Bevor Ernst Ergenzinger die Stelle auf dem Hohenasperg im Herbst 1986 antrat, erkundigte er sich bei seinem Vorgesetzten nach der Stellung des Knastpfarrers in einem Vollzugskrankenhaus. Die Antwort war deutlich und ernüchternd: »Er sagte kurz und knapp: ›Der Pfarrer im Knast ist der Arsch zwischen allen Stühlen‹. Das hat sich in den letzten Jahren auch bestätigt.«

Der evangelische Theologe ist um seine Stellung

nicht zu beneiden. Einerseits untersteht er als Pfarrer einer geistlichen Aufsicht, in diesem Fall dem Oberkirchenrat. Andererseits ist er Justizbeamter; Dienstherr ist das Land Baden-Württemberg.

Die ersten Schwierigkeiten gab es schon bei Dienstantritt. Für den frommen Kollegen hatte die Gefängnisleitung keinen geeigneten Arbeitsraum vorgesehen. Jahrelang wurde ihm ein schwer zu heizendes Zimmer im abgelegensten Winkel des vierten Stocks zugemutet. Er selbst hatte einmal ausgerechnet, daß er täglich bis zu 2.000 Stufen steigen mußte. Das wäre dreimal das Ulmer Münster hinauf. Seelsorgerliche Gespräche mit den Häftlingen waren so kaum möglich. Die mußten bei gutem Wetter auf dem Hof oder auf den Fluren der einzelnen Stationen geführt werden. – Keine akzeptable Atmosphäre für eine vertrauliche Unterredung.

Trotzdem läßt sich der grauhaarige Gottesmann mit dem Rauschebart nicht unterkriegen. Er sieht in seinem Amt sogar Vorteile gegenüber einem »normalen« Gemeindepfarrer: »Ich muß nicht so viel frommen Betriebsmüll vor mir herschieben. Bei uns kommt man schnell zur Sache. Außerdem – das klingt vielleicht etwas zynisch – wird meine Gemeinde abends eingesperrt und ich habe Feierabend.« Welcher Gemeindepfarrer kann das schon von sich behaupten?

Trotzdem: Auch mit Ernst Ergenzingers Freizeit ist es nicht weit her. Den privaten Einkauf verbindet er meist mit Besorgungen für die Knackis: Haftband für das rutschende Toupet, Zigaretten, Süßigkeiten oder

Tagebücher – es gibt nichts, was nicht gebraucht wird.

Ein besonderes Erlebnis sind für den Pfarrer die Gottesdienste am Sonntagmorgen. Die Beteiligung ist groß: 40 bis 50 Prozent der Knackis nutzen die Chance, um von der Station zu kommen. Obwohl dies eine gute Gelegenheit ist, andere Häftlinge zu kontaktieren, führt das nicht zu Unruhe im Gottesdienst. »Solche Gottesdienste wie auf der Burg habe ich noch nicht erlebt. Da gibt es Beifall und Mißfallensäußerungen, Zwischenrufe und Kommentare. Das ist alles sehr lebendig.«

Besonders ergriffen ist der Kirchenmann von den Abendmahlsfeiern. »Die meisten Gefangenen weinen dabei. Manchmal streckt einer seine zitternden Hände aus und fragt mich: ›Eins verstehe ich nicht, Herr Pfarrer. Sie haben mir gesagt, meine Sünden seien mir vergeben. Warum darf ich dann jetzt nicht raus aus dem Knast?‹ Dann sage ich ihm: ›Junge, das hat sich noch nicht rumgesprochen bis zur Justiz, daß du jetzt frei bist‹.«

Wenn man Ernst Ergenzinger darauf anspricht, woher er die ganze Kraft für diese aufreibende Tätigkeit nimmt, lächelt er nur. Seine Frau zeige sehr viel Verständnis für seinen Job, meint er. Sie sei auch nicht sauer, »wenn ich mich nach Dienstschluß erst mal aufs Sofa haue und mir Brahms anhöre.« Außerdem ist da noch die Wut auf den ganzen Gefängnisbetrieb, die er manchmal empfindet. Wut sei etwas, das einen stark motivieren kann. »Wenn von 8.000 Strafgefangenen in Baden-Württemberg 2.000 pro

Jahr oft schwer krank werden, dann heißt das schlicht und einfach: Knast macht krank!«

Diese Wut im Bauch brachte den Pfarrer auch dazu, gegen das Land Baden-Württemberg einen Prozeß anzustrengen. Ursache war das nicht abhörsichere Diensttelefon des Anstaltsseelsorgers. Die Gesprächsteilnehmer wurden registriert, die Telefonate womöglich sogar mitgehört. Das würde einen schweren Eingriff in das Seelsorge- und Beichtgeheimnis bedeuten. Auf erste Beschwerden des »Knastors« entgegnete das Justizministerium lapidar, eine Umrüstung des Telefons sei erstens technisch nicht machbar und zweitens zu teuer. Außerdem bestehe in deutschen Gefängnissen die Gefahr der Bestechlichkeit und Erpressung von Beamten. Der Pfarrer – ein Komplize der Knackis?

Ernst Ergenzinger klagte vor dem Stuttgarter Verwaltungsgericht. Mit Erfolg: In einem außergerichtlichen Vergleich verpflichtete sich das Justizministerium, im neuen Dienstzimmer des Seelsorgers ein abhörsicheres Telefon zu installieren. Dennoch dauerte es noch einmal ein halbes Jahr, bis Ernst Ergenzinger den Apparat erhielt. Das wurde auch höchste Zeit, denn »sonst hätte ich den Prozeß nochmal aufrollen müssen«, wettert der streitbare Pfarrer.

Wider die Politikverdrossenheit

Die »grüne« Gemeinderätin

Edelgard Meyer zu Uptrup

Wer Edelgard Meyer zu Uptrup einen Besuch abstattet, muß sich warm anziehen. Erstens beheizt sie ihre Stuttgarter Wohnung mit höchstens 18 Grad, und außerdem ist sie eine Frau, die ihre Überzeugungen sehr deutlich vertritt. Letzteres ist auch bitter nötig, um als Politikerin nicht Schiffbruch zu erleiden. Ersteres beweist, daß sie nicht nur über Umweltschutz redet, sondern ihn auch praktiziert. Edelgard Meyer zu Uptrup sitzt seit 1989 für die Partei der GRÜNEN im Stuttgarter Gemeinderat.

Schon ihre Mutter war ein wandelndes Kraftwerk, sie strotzte vor Energie. Sie engagierte sich in der kirchlichen Altenarbeit, zog Edelgard und deren fünf jüngere Geschwister groß und stieg so ganz nebenbei in die Kommunalpolitik ein. In Ludwigshafen war die CDU stark von Katholiken geprägt. Jetzt suchte man noch eine evangelische »Alibifrau«. Edelgards Mutter, von der politischen Arbeit begeistert, wurde besonders auf den damals jüngsten Stadtrat der CDU aufmerksam. Sein Name: Helmut Kohl. »Paßt mal auf«, sagte sie zu ihren Kindern, »aus dem wird noch mal was.« Sie sollte recht behalten.

Edelgards Vater war überall zu finden – nur nicht zu Hause. In seiner Freizeit baute der arbeitswütige Ingenieur den CVJM in Ludwigshafen auf. Damit sie ihren Papa überhaupt zu Gesicht bekam, half Klein-Edelgard als 10jährige beim Bau des CVJM-Hauses kräftig mit. Überhaupt fühlte sie sich dort sehr wohl. Sie besuchte den Mädchenkreis, die Laienschauspielgruppe und leitete »viel zu früh« mit 14 einen Jugendtreff. »Meine Eltern haben mich nie bedrängt, in ihre Fußtapfen zu treten. Das war immer mein eigener Entschluß gewesen«, erinnert sie sich heute.

Mit ihrem »frommen Tick« stand Edelgard ziemlich allein da. Ihre Geschwister engagierten sich zwar auch, aber in einem weniger christlichen Umfeld: in verschiedenen kommunistischen Gruppen. Ende der 60er Jahre beteiligten sie sich voller Enthusiasmus an den Aktionen der APO (Außerparlamentarische Opposition). Um überhaupt miteinander kommunizieren zu können, einigten sich Edelgard und ihre Geschwister darauf, keine weltanschaulichen Diskussionen zu führen.

Diese hatten immer wieder zu Spannungen und Streit geführt. Erst Anfang der 80er Jahre, als die Friedensbewegung in der Bundesrepublik ihren Höhepunkt erreichte, begrub man das Kriegsbeil. Die Menschenkette band auch die einzelnen Familienglieder wieder zusammen.

Nach ihrem humanistischen Abitur und zwei Auslandsaufenthalten entschied sich die junge Frau für eine Schreinerlehre, »weil ich bis dahin so viel mit dem Kopf gearbeitet hatte«. Damals war es allerdings zu ihrem Leidwesen für Frauen noch verboten, an Kreissäge oder Hobelmaschine zu arbeiten. Deshalb widmete Edelgard sich der Feinarbeit. Ihr Gesellenstück kann sich denn auch sehen lassen. Der hübsche Schreibsekretär schmückt noch heute ihr Arbeitszimmer.

Dann traf sie ihren späteren Mann, einen angehenden Theologen. Die folgenden Jahre vergingen wie im Flug: Hochzeit, Geburt von drei Söhnen, Studium für das Lehramt mit den Schwerpunkten Theologie und Sachkunde, mehrere Ortswechsel, Aufnahme einer Pflegetochter und schließlich Anfang der 80er Jahre der Einstieg in die Politik. »Ich tat mich mit Freundinnen im Stuttgarter Stadtteil Birkach zusammen, denen genauso wie mir der wachsende Müllberg gestunken hat.«

Mit Informationsständen gingen die Frauen an die Öffentlichkeit. Doch schnell merkten sie, daß es mit

Verbraucheraufklärung nicht getan war. Verordnungen mußten her, die dem Bürger an den Geldbeutel gingen, wenn er sich nicht umweltfreundlich verhielt.

Edelgard Meyer zu Uptrup war damals Mitglied der SPD, »aber nur eine Karteileiche«. 1984 trat sie in die Partei der GRÜNEN ein. »Ich hoffte, die GRÜNEN würden flexibler sein als die großen Parteien und gezielter auf Umweltprobleme reagieren.« Die GRÜNEN waren flexibler – auch was den Aufstieg innerhalb der Partei betraf. 1989 bekam Edelgard Meyer zu Uptrup einen guten Platz auf der Kommunalwahlliste und wurde in die damals siebenköpfige Gemeinderats-Fraktion gewählt.

Heute ist sie Mitglied im Ausschuß für Umwelt und Technik, im Ausschuß für Bodenordnung und im Krankenhaus-Ausschuß. Ein sehr breitgefächertes Gebiet, das viel Sachverstand erfordert. »Ich habe die ersten beiden Jahre gebraucht, um dort einigermaßen Fuß zu fassen«, gesteht sie.

Kein Wunder, daß sie mit einer 38,5 Stunden-Woche nicht auskommt. Auf 60 Stunden bringt sie es allemal. Zumal sie sich mit den teilweise recht langweilig verlaufenden Sitzungen im Gemeinderat nicht zufrieden gibt. Sie tummelt sich im Aufsichtsrat der Technischen Werke, wird von Jugendgruppen oder Initiativen zu Vorträgen eingeladen und engagiert sich bei den sogenannten »Energiewendern«. Diese Gruppe plädiert für eine Kehrtwendung in der Energiepolitik, insbesondere für den Ausstieg aus der Atomenergie. »Aus unserer Hilflosigkeit heraus ist die Idee von der ›Energieschleuder‹ geboren worden. Wir verleihen diese Energieschleuder jeden Monat an Institutionen und Personen, die sich besonders energieverschwendend betätigen.« Kürzlich nahm ein Vorstandsvorsitzender diese »Auszeichnung« mit einem Lächeln und der Bemerkung entgegen: »Die brennt phantastisch in meinem Kamin.«

Erfolgserlebnisse, das bestätigt die »grüne« Politikerin, gibt es so gut wie keine. »Wenn es mal Fortschritte gibt, wie zum Beispiel die Einführung von Tempo 30 in Wohngegenden, dann kann man das nicht mehr als ›grünen Erfolg‹ erkennen. Nur dadurch, daß große Parteien oder die Verwaltung diesen Vorschlag aufgegriffen haben, wird er durchgesetzt.«

Sie wirkt leicht frustriert. Nein, sie glaubt nicht, daß sie bisher etwas in Stuttgart bewegt hat. Dennoch hält sie ein überzeugtes »Trotzdem« dagegen: »Ich bin herausgefordert, etwas zu tun. Die Hände in den Schoß legen, das geht nicht!« Deshalb plädiert sie auch für ein stärkeres Engagement von Christen in der Politik. Zwar müsse man Frustrationen aushalten können, aber »je mehr wir wären, desto besser wäre das«.Eine positive Selbsterfahrung, warnt sie, werde es nicht geben. Höchstens diese: »Ob mich Menschen annehmen oder nicht, ist nicht so wichtig, wie bei Gott angenommen zu sein. Er ist für mich eine starke Stütze. Ich werde nicht gleich umgepustet, wenn mir mal einer an den Karren fährt.«

Wegen des Geldes ist Edelgard Meyer zu Uptrup

nicht in die Kommunalpolitik eingestiegen. Aufwandsentschädigung und Sitzungsgeld – das ist schon alles, was der Vollzeitpolitikerin zusteht. Von der Partei erhält sie keinen Pfennig.

Das Jahr 1989 brachte einen entscheidenden Einschnitt in ihr Privatleben. Edelgard Meyer zu Uptrup zog die Konsequenzen aus einer langjährigen Entwicklung und verließ die gemeinsame Wohnung – nach insgesamt 30 Ehejahren. In den letzten 15 Jahren hatten sie und ihr Mann an ihrer Partnerschaft gearbeitet. Aber »ich hatte Angst vor dem gemeinsamen Altwerden mit meinem Mann«, gesteht sie. Nach der Scheidung hatte ihr Mann eine neue Partnerin gefunden und ist mittlerweile wieder verheiratet. »Ich kann ihm ganz freundschaftlich begegnen«, meint sie, fügt aber nachdenklich hinzu: »Ich erlebe unsere Trennung als ein Versagen in meinem Leben. Die Aufgabe, die wir beide übernommen hatten, nämlich unsere Ehe zu gestalten, ist an Grenzen gekommen. Ich bin nur froh, daß unsere Kinder bereits groß und aus dem Haus sind.«

Die Mutter von vier Kindern weiß sehr wohl, daß in der Bibel eine Ehescheidung nicht vorgesehen ist. Der Gedanke, »bei Gott unten durch zu sein«, hat sie denn auch sehr stark belastet. Andere Christen haben sie in dieser schweren Phase begleitet und ihr Mut zugesprochen. Eine Ausgrenzung ist ihr erspart geblieben. »Mir wurde immer wieder gesagt: ›Gott hat ein viel weiteres Herz, als du ihm im Augenblick zutraust.‹ So konnte ich letztlich das Gefühl, angenommen zu sein, nie ganz verlieren.«

Daß sie nach der Trennung von ihrem Mann nicht in ein tiefes Loch fiel, hing stark mit ihrem arbeitsintensiven politischen Engagement zusammen, aber auch damit, daß sie einen großen Freundeskreis hat und mittlerweile zwei Enkelkinder, die gern die Großmutter besuchen. Außerdem ist da noch der Bioland-Hof, eine alternative Lebensgemeinschaft in der ländlichen Region um Stuttgart: »Wenn ich Lust habe, dann stecke ich dort einen Tag lang Zwiebeln und tobe mich so aus.«

Wenn sie sich selbst beweisen will, daß sie nicht nur geistig, sondern auch körperlich voll auf der Höhe ist, dann rennt sie – wie kürzlich geschehen – 100 Meter, springt in die Sandgrube, stößt die schwere Eisenkugel und schwimmt 40 Bahnen im Hallenbad. Zur Belohnung gab es das Goldene Sportabzeichen.

Leben in Dur und Moll

Die ungewöhnliche Laufbahn des Konzertpianisten

Paul Hatzopoulos

Das Telefon klingelt in dem hübschen Reihenhaus in Nellingen, einem kleinen Ort bei Stuttgart. Paul Hatzopoulos nimmt den Hörer ab. Am anderen Ende der Leitung ist sein Bruder. Während des Gesprächs wechselt Paul ständig vom Deutschen ins Griechische und umgekehrt. Beide Sprachen beherrscht der Sohn griechischer Eltern perfekt. Obwohl im Schwabenland geboren, hat er stets Kontakte nach Griechenland gepflegt. »Wegen meines Berufes bin ich in letzter Zeit aber wohl eher Kosmopolit geworden.«

Der 29jährige ist mittlerweile auf vielen Bühnen bzw. an vielen Flügeln dieser Welt zu Hause. Sein Beruf: Konzertpianist.

Wer seine Lebensdaten aufmerksam liest, kann eigentlich nur zu dem Schluß kommen: Dieser junge Mann ist außergewöhnlich begabt. Nur wenige Monate alt, zog ihn nach Aussagen der Mutter bereits alles an, was mit Musik und Melodie zu tun hatte. Mit 14 Monaten begann Paul zu singen. »Schon kurze Zeit später konnte ich mit meiner Mutter, einer ausgebildeten Sopranistin, Duett singen. Während sie eine Unterstimme sang, trällerte ich die Melodie ohne einen einzigen falschen Ton.«

Der weitere Werdegang erschien nur folgerichtig: Mit drei Jahren erster öffentlicher Auftritt im Gesangsduett mit der Mutter. Als Vierjähriger erster Klavierunterricht. Mit 12 Jahren erster solistischer Auftritt mit Werken von Schubert und Debussy. Fünf Jahre später erste Rundfunkaufnahmen beim Süddeutschen Rundfunk, dann Fernsehaufnahmen für das ZDF sowie für ausländische TV-Sender.

Immer wieder beteuert Paul Hatzopoulos, daß ihn seine Eltern nie zu dieser Laufbahn gedrängt hätten. Einen Vater Graf wie bei Tenniskönigin Steffi hat es bei ihm nicht gegeben. Im Gegenteil. Seine Eltern mußten den übereifrigen Sohn in seinem Elan immer wieder bremsen. »Mit 17 mußte ich mich sogar durchsetzen, um das Musikstudium aufzunehmen«, erinnert er sich.

Pauls Vater, Theologe und Religionslehrer, kam aus keinem musikalischen Elternhaus. »Um so bewundernswerter, daß er mein Studium über so lange Jahre finanziert hat.« Paul Hatzopoulos weiß, wem er Dank schuldet. Glücklich waren seine Eltern über den Berufswunsch ihres Sohnes nicht. »Sie waren vor allem deshalb dagegen, weil mit dem Beruf des Künstlers eine große Unsicherheit verbunden ist. Es ist in der Tat wahnsinnig schwer, sich heutzutage zu etablieren und davon zu leben.«

Wer sich den Lebenslauf von Paul Hatzopoulos etwas näher ansieht, der stutzt beim Jahr 1987. »Wiederaufnahme der Konzerttätigkeit nach einem komplizierten Fingerbruch«, heißt es da lapidar. Dahinter verbirgt sich jedoch die größte Krise, durch die der hochbegabte Pianist bisher gegangen ist. »Eine Sache, die ich nie in meinem Leben vergessen werde«, beteuert er.

Paul war damals 22 Jahre alt, als die Leichtigkeit des unbekümmerten Klavierspielens verlorenging. Das, was vorher selbstverständlich war, geriet zu einem riesigen Problem. »Auf einmal habe ich über alles nachgedacht: die Musik, meine Hand und die technische Seite des Klavierspielens. Ich habe mich hinter den Tasten immer mehr verkrampft.« Hinzu kam seine strenge Lehrerin, die immer mehr als 100 Prozent Leistung von ihm forderte. Dann kamen plötzlich einige Tage, »an denen ich dachte, daß die natürliche Beschaffenheit meiner Hand nicht mehr in Ordnung sei. Ich hatte mich da völlig hineingesteigert«.

Dann passierte es. Self-fulfilling prophecy? Paul versuchte eine ganz gewöhnliche Sprudelflasche zu öffnen. Eigentlich ein Routinegriff. Diesmal aber zerbarst die Flasche. Der Flaschenhals flog mit voller Wucht gegen seinen rechten Zeigefinger. »13 Glaskörper waren in den Knochen eingesprengt, die Sehne war zu 95 Prozent durchgerissen, nur noch ein Fitzelchen war mit dem Finger verbunden.«

Ein komplizierter operativer Eingriff war notwendig, um den Finger wieder funktionstüchtig zu machen. Paul war psychisch angeschlagen. Würde er jemals wieder Klavier spielen können? Trotz aller Zweifel und Niedergeschlagenheit spürte er, daß dies nicht das Ende war.

Es dauerte fast zwei Jahre, bis Paul sich wieder zutraute, vor Publikum zu spielen. Der Finger war wieder in Ordnung. Allerdings hatte man bei der Operation einen Glassplitter übersehen, der dem Pianisten noch heute manchmal Schmerzen bereitet.

Der Splitter erinnert Paul an den Apostel Paulus, der mit einem »Pfahl im Fleisch« zeitlebens zu kämpfen hatte. »Das zeigt mir, daß nichts von mir selbst kommt. Diese Krise hatte mir menschlich, geistlich und merkwürdigerweise auch pianistisch weitergeholfen«, meint er rückblickend.

Im August 1991 unternahm der reisefreudige Grieche eine Tournee durch Norddeutschland und konnte erstmals beim berühmten »Schleswig-Holstein-Festival« auftreten. Ein Jahr später wurde er in die griechische Neuausgabe des »Who is Who«-Lexikons aufgenommen; eine Auszeichnung, die nur berühmten Leuten zuteil wird. Zur Zeit studiert Paul Hatzopoulos an der Musikhochschule in Würzburg, wo er von der bekannten Polin Prof. Martha Sosinska betreut wird.

Klavier spielen bedeutet dem 29jährigen viel, aber nicht alles. Während er früher diszipliniert bis zu acht Stunden täglich geübt hatte, gibt es heute Tage, »an denen ich überhaupt nichts mache. Wenn ich keine Inspiration habe, dann gehe ich nicht ans Klavier. Vielleicht bin ich in dieser Beziehung sensibler als andere Leute.« Paul ist eben ein Künstler. Und ein Träumer. »Ein großer sogar«, sagt er lächelnd. »Ich lese sehr gern Gedichtbände und Märchen.«

Nicht nur die Wahl der Lektüre unterscheidet Paul von zahlreichen seiner Altersgenossen. Von Popmusik und Samstagabenden in überlauten Tanzpalästen hält er nicht viel. »Ich war einmal in meinem Leben in einer Disco. Dort war es einfach nur dunkel und lärmend. Ich bin lebhaft und kontaktfreudig, aber Kontakte waren in der Disco nicht möglich. Die Qualität der Musik ließ auch zu wünschen übrig.«

Paul ist ein anspruchsvoller Hörer. Ihn begeistern vor allem alte Monoaufnahmen, die vor Jahrzehnten gemacht wurden. Gegenüber modernen Aufnahmen zeigt er sich zwar nicht gänzlich abgeneigt, zieht jedoch eine Wiedergabe von Beethovens 9. Sinfonie mit Wilhelm Furtwängler allemal vor. Auch hier kommt er wieder durch, der Träumer und Nostalgiker.

Seit dem Tod seines Vaters im Sommer letzten Jahres leitet Paul zusammen mit seinem 26jährigen Bruder Jannis die Freie evangelisch-griechische Gemeinde in Stuttgart. Allerdings nur vorübergehend – bis ein Nachfolger für seinen Vater gefunden sein wird. So lange predigt der Tastenvirtuose sonntags und sorgt sich um das Wohlergehen der Gemeindemitglieder. Außerdem hält er noch Kontakt zu einer Gemeinschaft des Brüderbundes. Den will er auch dann noch pflegen, wenn er bald seine Konzerttätigkeit intensivieren wird. Denn Paul »will nicht nur eine rein kommerzielle Karriere machen. Ich möchte Gott, der mich musikalisch begabt hat, mein Talent zur Verfügung stellen«.

Kämpferin für das Ungeborene

Die Lebensschützerin

Sonja Dengler

Eine gewisse Nervosität liegt in der Luft. Heute ist ein besonderer Tag für Sonja Dengler und ihre fünf Mitarbeiterinnen in der Heidelberger Schwangerschaftsberatungsstelle »Die Birke« . An diesem Freitag will das Bundesverfassungsgericht in Karlsruhe sein Urteil verkünden, ob ein Schwangerschaftsabbruch weiterhin unter Strafe zu stellen ist. Unabhängig vom Ausgang dieser Entscheidung gibt es für die Frauen Grund, sich zu freuen: Eine Schwangere hat einen Beratungstermin abgesagt, weil sie sich entschlossen hatte, ihr Kind auszutragen. Das passiert nicht alle Tage. Die engagierten Lebensschützerinnen müssen oft genug mit frustrierenden Erlebnissen fertig werden. »Man kommt manchmal an den Punkt, wo man sich fragt, warum man das alles überhaupt noch macht«, gewährt die 41jährige Sonja Dengler, Leiterin und Gründerin der Beratungsstelle, Einblick in ihre Gefühlswelt.

Trotzdem: Sonja Dengler weiß, daß sie diese Arbeit tun muß. Und sie tut sie gern – auch wenn sie keinen Pfennig dafür bekommt, daß sie täglich bis zu zwölf Stunden berät, besucht, referiert oder telefoniert. »Mein Mann verdient als Physiker genügend Geld, so daß es für uns als Familie zum Leben gut reicht«, erzählt die Mutter einer vierjährigen Tochter ohne einen Anflug von Koketterie. Vor zehn Jahren hätte sie darüber geschmunzelt.

Damals brachte die gebürtige Pfälzerin als leitende Angestellte einer florierenden Werbeagentur monatlich um die 12 000 Mark nach Hause. Für die dynamische junge Frau war die PR-Arbeit genau der richtige Beruf. »Ich brauche die Herausforderungen. Ein Teil von mir ist ziemlich sanft, aber wenn diese Sanftheit nicht gekitzelt wird, dann schlafe ich ein und werde unglücklich. Mir macht es Spaß, am Tag 20 oder 30 Termine einzuhalten.« So gut es beruflich auch lief, privat brodelte es unter der Oberfläche. Das Ende einer langjährigen Beziehung brachte die Karrierefrau aus dem inneren Gleichgewicht und rief eine schwere Sinnkrise hervor.

Sie gab ihre lukrative Position in der Werbeagentur auf, weil ihr klar wurde, »daß sie mir für meine Sinnsuche zu wenig Zeit ließ«. Eine schwere Entscheidung, aber die richtige – wie sich im Nachhinein herausstellen sollte. Sonja Dengler, aufgewachsen in einem atheistischen Elternhaus (»Mein Vater hat mal den Pfarrer aus unserem Haus rausgeschmissen«), kaufte sich Bücher über Religion, ging stundenlang mit ihrer Schäferhündin in den Weinbergen spazieren, redete laut mit sich und Gott und kam irgendwann an den Punkt, wo sie trotz vieler Zweifel sagte: »Okay, Gott, ich versuche es mit dir. Ich will an dich glauben und dir gehorsam sein.«

Sonja Dengler trat eine neue Stelle als Sekretärin an und lernte kurz darauf ihren Mann kennen. Aber von wegen Liebe auf den ersten Blick: »Ich mochte ihn erst überhaupt nicht. Wir hatten uns nur gestritten. Als wir uns dann doch näherkamen, löste das eine tiefe Krise in mir aus, weil ich merkte, daß ich diesen Mann liebe, obwohl ich einige seiner Eigenschaften nahezu haßte.« Doch die Zuneigung wurde mit der Zeit immer stärker, und ihr wurde klar, daß sie ihn heiraten würde, »obwohl es mir als Single sehr gutgegangen war«.

Kurze Zeit darauf sorgte die Bekanntschaft mit einer anderen Person für eine weitere durchgreifende Veränderung in Sonja Denglers Leben. Die engagierte Lebensschützerin Ingrid Elgert »lag in sehr wesentlichen Lebensbereichen genau auf meiner Wellenlänge«, was Sonja Denglers Einstellung zur Abtreibungsfrage anging.

1984 beschlossen die beiden, eine Schwangerschaftskonfliktberatungsstelle einzurichten mit dem wohlklingenden Ziel, »die ratsuchenden Frauen dahingehend zu verändern, daß sie gesellschaftliche Verantwortung übernehmen«. Dazu gehört nach Sonja Denglers Ansicht, daß die schwangeren Frauen das ungeborene Leben nicht abtreiben lassen. »Denn eine Frau, die einen Abbruch macht, ist zerstört. Eine zerstörte Frau ist aber kein Mitglied der Gesellschaft, das wirklich etwas verändern oder tragen kann.« Zu viele Frauen habe sie inzwischen in ihrer Beratung erlebt, »die sich die Seele aus dem Leib geweint haben«, weil ihnen niemand mehr das abgetriebene Kind zurückgeben kann.

Zu diesen Frauen gehören auch einige jener Prominenten, die lauthals in den Medien damit geprahlt hatten, mehrere Abtreibungen bestens verkraftet zu haben. Mit mehreren hundert Beratungsgesprächen jährlich auf dem Buckel, weiß Sonja Dengler, wovon sie redet. »Das größte Problem für diese Frauen ist, daß sie sich selbst nicht vergeben können. Das schwarze Loch wird immer wieder auftauchen. Das verfolgt sie meist ein Leben lang.«

Obwohl selbst überzeugte Christin, läßt Sonja Dengler während der Beratungsgespräche ihren Glauben außen vor. Sie hängt sogar das Holzkreuz in ihrem Zimmer von der Wand, wenn eine junge Frau das erste Mal zu ihr kommt. »Ich bin keine Missionarin«, stellt sie klar, »aber manchmal fragt mich eine Schwangere nach meiner Motivation. Dann spreche ich mit ihr über meinen Glauben.« In den meisten Fällen ist die Gottesfrage für die Frauen aber kein

Thema. Diese beschäftigt etwas ganz anderes. Sonja Dengler weiß aus zahlreichen Gesprächen, daß in dem Abbruchwunsch einer Frau nicht nur eine Situationskrise, sondern eine Lebenskrise zum Ausdruck kommt. Bei der einen droht die Beziehung zum Partner zu scheitern, die andere befindet sich kurz vor dem Offenbarungseid, bei der dritten kommen gleich mehrere Dinge zusammen.

Vielen Frauen, die einen Abbruch wünschen, attestiert Sonja Dengler mangelnde Courage. »Trotz emanzipatorischem Gerede sind viele Frauen emotional so an ihren Partner gebunden, daß sie ihm nicht widersprechen, wenn er auf einen Abbruch drängt.« Aus menschlicher Sicht zeigt die Lebensschützerin viel Verständnis für die oft verzweifelten Frauen, »aber als Feministin erwarte ich eine andere Handlungsweise«. Dann fährt die blonde Brillenträgerin noch schwereres Geschütz auf – auch auf die Gefahr hin, sich bei Geschlechtsgenossinnen oder Mitchristen unbeliebt zu machen: »Ich wünsche mir, daß der Paragraph 218 jeden Abbruch wieder unter Strafe stellt«, bezieht Sonja Dengler radikal Stellung. »Wenn ich dieses ungeborene Leben wegmachen lasse, dann töte ich einen Menschen. Allerdings würde ich den Paragraphen erweitern und alle an dem Abbruch Beteiligten unter Strafe stellen, einschließlich des Arztes, der den Abbruch vornimmt.«

Wer allerdings einen Abbruch drastisch bestrafen will, der muß schwangeren Frauen Hilfen an die Hand geben, die einen Abbruch unnötig machen. Von vielen Politikern, die das Ideal von der Familie und einer kinderfreundlichen Gesellschaft besonders hochhalten, würde sie sich deshalb weniger Sprüche, dafür aber mehr Taten wünschen. Daß zuletzt vermehrt Kindergartenplätze gestrichen und am Kinder- bzw. Erziehungsgeld gespart wird, ärgert sie mächtig. Sonja Dengler selbst und ihre Kolleginnen von der »Birke« tun ihr Möglichstes. Sie gewähren den Frauen Unterhalt, solange dies sinnvoll und nötig ist, stellen geeigneten Wohnraum zur Verfügung oder bieten Partnerschaftsberatungen an.

Möglich ist diese Arbeit nur, weil der eingetragene Verein von zahlreichen Spendern und Mitgliedern finanziell unterstützt wird. 1992 gingen über 500 000 Mark auf dem Konto ein. Aber nicht alle Menschen stehen dieser Art von Konfliktberatung wohlwollend gegenüber. Regelmäßig, wenn die »Birke«-Rundbriefe verschickt werden, bekommen die engagierten Frauen Drohungen und obszöne Anrufe. Doch dabei bleibt es nicht. Es kommt immer wieder vor, daß sie von wildfremden Leuten verfolgt oder ihre Autos sabotiert werden. Das Wort Angst ist kein Fremdwort für die Lebensschützerinnen.

Dennoch wollen sie sich nicht unterkriegen lassen. Schließlich ist der Name ihrer Beratungsstelle zugleich ihr Programm. Sonja Dengler: »Die Birke ist ein Flachwurzler, der die Umgebung schlagartig verändert. Bei keinem anderen Baum werden die Blätter so schnell zu Humus wie bei der Birke.«

Kein Freund großer Worte

Das deutsche Tischtennis-As

Zsolt-Georg Böhm

Pressezentrum der Stuttgarter Schleyer-Halle. Soeben hat die deutsche Tischtennis-Nationalmannschaft der Herren ihr Halbfinalspiel bei der Europameisterschaft gegen das favorisierte Team aus Schweden verloren. Aus der Traum vom Titel. Überall schwirren Reporter mit ihren Mikrofonen und Aufnahmegeräten durch die Gegend. Begehrteste Objekte ihres Frage-und-Antwort-Spiels sind die beiden jungen deutschen Spitzenspieler: Steffen Fetzner und Jörg Roßkopf. Deren Kommentare sind gefragt, sie haben gespielt – und verloren. Aber nicht immer sind es die im Scheinwerferlicht, die etwas zu sagen haben.

Zsolt-Georg Böhm stand diesmal nicht an der grünen Platte. Er ist »taktischen Zwängen« zum Opfer gefallen. Leise gesteht er ein: »Es ist schon schwer, auf der Bank zu sitzen und zusehen zu müssen.« Das war nicht immer so.

Seitdem sich der gebürtige Siebenbürger als 17jähriger 1980 während der Europameisterschaft in Bern in die Bundesrepublik abgesetzt hat, galt er jahrelang als Aushängeschild und Leitfigur des deutschen Tischtennis. Fünfmal in Folge holte er sich den Meistertitel im Einzel. 1984 errang er mit seinem zwei Jahre älteren Bruder Josef den Sieg im Doppel. Schon in seiner rumänischen Heimat war Zsolt-Georg der Spitzenspieler des Landes gewesen. Bereits im zarten Alter von fünf Jahren hatte sein Vater (übrigens auch Tischtennisspieler in der rumänischen Liga) ihm beigebracht, wie man mit dem kleinen Holzbrett umgeht, wie man den weißen Zelluloidball anschneidet und wie man dem Gegner das runde Ding um die Ohren schmettert. Als er das Talent seines Jungen bemerkte, schickte er ihn zu einem Verein nach Salacea, einer kleinen Stadt an der rumänisch-ungarischen Grenze. Doch auch hier war Klein-Georg schon bald von keinem anderen zu schlagen. Mit 14 Jahren zog das große Talent samt Familie nach Klausenburg. Dort übten die besten Spieler des Landes unter den Fittichen der besten Trainer. Schnell mauserte sich Zsolt-Georg Böhm zur Nummer eins

Rumäniens. Inklusive zweier Einzelmeisterschaften (1978 und 1979) sammelte er insgesamt 24 nationale Titel auf Schüler-, Jugend- und Aktivenebene. Sein Erfolgsrezept beschreibt er kurz und knapp: »Ich habe immer viel trainiert, gute Trainer gehabt, und vor allem habe ich gern Tischtennis gespielt.«

Knapp und präzise antwortet Böhm auch, wenn er auf seine größten sportlichen Erfolge angesprochen wird. Der Spitzenspieler mag keine großen Worte: »Vom sportlichen Wert her war mein fünfter Platz beim Top-12-Turnier 1989 sehr wichtig.« An diesem Turnier, das jährlich stattfindet, nehmen jeweils die zwölf besten europäischen Tischtennis-Asse teil. Als größten Triumph mit der Nationalmannschaft nennt Böhm den Gewinn der Vize-Europameisterschaft 1990 in Schweden. Mittlerweile ist für ihn das Thema Nationalmannschaft allerdings abgehakt. Schließlich zählt er mit seinen 30 Jahren zu den Oldies im Geschäft.

Immerhin hat Böhm bewegte Tischtennis-Geschichte geschrieben. Sein Name wurde immer wieder mit Eskapaden in Verbindung gebracht, die von der sensationslüsternen Presse mit Akribie ausgewalzt wurden. 1986 bei der Europameisterschaft in Prag gab es einen handfesten Streit mit dem damaligen Bundestrainer Charles Rösch. Böhm griff ihn verbal an und wurde daraufhin für ein Jahr aus der Nationalmannschaft ausgeschlossen.

Einige Jahre später lernten die Funktionäre des Deutschen Tischtennis-Bundes erneut die Maxime des Einzelgängers Böhm (»Ich will von niemandem abhängig sein«) kennen. Bei der Weltmeisterschaft in Dortmund 1989 reiste er Hals über Kopf kurz vor dem wichtigen Viertelfinalspiel gegen Schweden wegen einer Migräne ab. Von seiner damaligen Verlobten ließ er sich nach Hause fahren, um sich auszukurieren. Am Nachmittag, das deutsche Team hatte inzwischen verloren, war er wieder im Hotel – ohne Kopfschmerzen. Prompt hatte die Tischtennis-Szene wieder einmal ihren »Fall Böhm«.

Und heute? Ist das alles vorbei und vergessen? »Okay, ich habe mich damals falsch verhalten. Aber ich konnte mich nicht dazu überwinden, an die Platte zu gehen.« Dennoch spricht er immer wieder vom »schmerzlichsten Moment meiner Laufbahn«. Der Grenzauer ist ein Mann, der sich wie kaum ein anderer auf Spiele konzentrieren kann, fast in ihnen versinkt und manchmal wie in Trance agiert. Deshalb strengen ihn Begegnungen, in denen es um viel geht, auch mehr an als andere. Kopfschmerzen und Migräne hatte er schon als Jugendlicher in Streßsituationen.

Georg-Zsolt Böhm ist ein sensibler, nachdenklicher Typ. »Es ist nicht alles optimal gelaufen, aber das gehört zum Leben. Ich glaube, daß ich mich sehr verändert habe. Man lernt über die Jahre, mit Siegen und Niederlagen anders umzugehen.« Er überlegt einen Moment und ergänzt: »Man muß einfach begreifen lernen, daß es nur ein Tischtennisspiel ist – und nicht mehr.« Aber immerhin ist dies sein Beruf. Da fällt es einem, der ein Jahrzehnt lang die deutsche Szene beherrscht hat, nicht leicht, die jungen Nachwuchstalente an sich vorbeiziehen zu lassen. »Am Anfang war das schon ein bißchen problematisch. Mittlerweile kann ich das aber akzeptieren«, und er fügt sein Credo hinzu: »Eine Niederlage im Sport bedeutet niemals Versagen im Leben!«

Wie es für Böhm, der in Vallendar ein Haus mit Blick auf den Rhein besitzt, beruflich weitergeht, ist noch offen. Er hat sich neben den unzähligen Trainingsstunden auch stets intellektuell gefordert. In Deutschland hat er sein Abitur nachgeholt und mehrere Studiengänge begonnen, die er aus Zeitmangel allerdings abbrechen mußte. Böhm spielt auch mit dem Gedanken, dem Tischtennis als Trainer treu zu bleiben.

Aber noch ist das Zukunftsmusik für Böhm, der in seiner Freizeit gern liest und die Scorpions genauso gern hört wie Mozart. Sein Vertrag beim deutschen Spitzenklub TTC Grenzau läuft bis zum Sommer 1994. Dann will er möglichst noch einige Jahre Bundesliga anhängen. Allerdings gibt er zu, daß das innere Feuer nicht mehr so brennt wie zu Beginn seiner Karriere. »Man wird immer anfälliger dafür aufzugeben.«

1991 wäre es beinahe soweit gewesen. Böhm und seine damalige Freundin hatten sich in dieser Zeit getrennt. Neben dieser seelischen Belastung plagten ihn Verletzungen so nachhaltig, daß er ans Ende seiner sportlichen Laufbahn dachte. »Ich hatte ständig Probleme mit meinem Knöchel. Ich bin immer wieder umgeknickt. Ich wußte wirklich nicht, wie es weitergehen sollte.«

Es ging aber doch weiter. Auf die Frage nach dem Grund kommt eine überraschend schlichte Antwort: »Mein Glaube hat mir geholfen, die Zeit zu überstehen. Ich habe viel gebetet.« Seine Großmutter schickte ihm ein »Glaubensbuch« und aufgeschriebene Gebete. Seit seiner Kommunion mit neun Jahren waren dem Katholiken Kirche und christlicher Glaube so einerlei gewesen wie die Farbe der Badezimmerfliesen seiner Nachbarin.

Doch dann begann Böhm, intensiver in der Bibel zu lesen. Der gebürtige Rumäne ging wieder regelmäßig zur Kirche und knüpfte Kontakte zu anderen Christen. Die Beschäftigung mit der Bibel half ihm, mit den Eigenschaften klarzukommen, die ihm jahrelang auf den Leib geschrieben wurden: Böhm, der Introvertierte, der Eigenwillige, der Schwierige. »Vieles davon stimmt«, bestätigt er – und setzt noch ein »leider« hintenan. »Ich habe immer viel über mich nachgedacht. Aber es ist nicht gut, sich zu sehr in Einzelteile zu zerlegen. Es ist wichtig, daß man sich so annimmt, wie man ist.«

So liegt es auch nicht in seinem Naturell, gleich einer christlichen Kalaschnikow unzählige Salven frommer Munition auf seine Mitmenschen abzufeuern. Klar, er redet über seinen Glauben, mal hier und da. Aber im Gespräch mit seinen Teamkollegen merkt er immer wieder, »daß Kirche und Glaube nicht hoch im Kurs stehen«. Trotzdem hält er daran fest. Hier kommt er wieder durch, der Eigenwillige. Ganz gleich, was die anderen denken: Zsolt-Georg Böhm geht seinen Weg, auch wenn es »der schmale« ist.

Lasset die Kinder zu ihr kommen

Die Diakonisse
und Hebamme

Anneliese
Fischer

Ihr privates Reich ist ganze 15 Quadratmeter groß. Sanitäres Prunkstück: ein schlichtes Waschbecken. Wenn die Diakonisse Anneliese Fischer duschen oder baden will, muß sie auf den Flur. Der 62jährigen genügt ihr bescheidenes Zimmer im Schwesternwohnheim der Staatsrat-von-Fetzer-Klinik in Stuttgart als Erholungsinsel. Wohlstand oder gar Luxus kennt sie nicht. Den brauche sie auch nicht, sagt sie mit einem gütigen Lächeln. Sie hat ja »ihre Kinder«. Als Hebamme hat sie in ihren mehr als 40 Dienstjahren etwa 10 000 Sprößlingen den Sprung in die Welt erleichtert. Überhaupt Kinder. Sie zogen Anneliese Fischer schon in jungen Jahren an wie das Licht die Motten.

Gerade mal neun Jahre war sie alt, als sie in ihrem kleinen Heimatdorf im Egerland (in der heutigen Tschechischen Republik) die Kleinkinder aus der Nachbarschaft um sich scharte. Im Kinderwagen brachte sie die Jungen und Mädchen mit nach Hause. Hier wickelte sie die Kleinsten, gab ihnen Fläschchen und Schnuller und spielte mit den größeren. Die entlasteten Mütter schüttelten zwar ungläubig den Kopf über so viel Hilfsbereitschaft, freuten sich aber auf einige ruhige Stunden ohne Geplärre und Geheul.

Das »Helfersyndrom« konnte Anneliese nie ganz ablegen. Selbst als der 16jährigen die ersten Verehrer nachstiegen, zog sie es vor, einer überforderten Mutter von fünf Kindern schon frühmorgens die Wäsche zu waschen und den Nachwuchs zu versorgen. Die männlichen Bewerber waren sauer. Aber für plumpe Annäherungsversuche hatte Anneliese keine Zeit.

Freunde und Bekannte wunderten sich daher nicht, als sie mit 18 Jahren als Diakonisse in das Mutterhaus Martha-Maria in Nürnberg eintrat. Dies ist eine Einrichtung der Evangelisch-methodistischen Kirche. Drei Jahre zuvor hatte sie Kontakt zu einer kirchlichen Jugendgruppe bekommen und erstmals eine Bibel in Händen gehalten. Dieses Buch faszinierte die Jugendliche; sie las viel darin. Während einer missionarischen Veranstaltung hörte sie dann zum ersten Mal von der Möglichkeit einer persönlichen Gottesbeziehung. Anneliese beschloß, diesem Gott ihr ganzes Leben zur Verfügung zu stellen.

Aber auf Kosten von Ehe und Kindern? »Manchmal war es schon ziemlich schwierig«, gesteht sie, »als junge Hebamme habe ich so manchen Heiratsantrag bekommen. Aber ich wußte, daß eine Ehe nicht mein Weg war.« Wenn ein Romeo zu aufdringlich wurde oder der über beide Ohren verliebte Lehrersohn wieder um ihre Wohnung schlich, redete die selbstbewußte Frau schon mal Klartext: »Hör mal zu«, gab sie dem Verehrer dann zu verstehen, »hier laufen so viele Frauen rum, die darauf warten, daß ihnen jemand den Hof macht. Ich bin und bleibe Diakonisse!«

Doch ganz so eindeutig war es nicht immer. Manchmal kamen Zweifel hoch an ihrer Entscheidung für ein Leben unter der Diensthaube. »Aber die verschwanden meist ziemlich rasch, wenn ich intensiv betete oder die Bibel gelesen hatte.«

Nach Beendigung ihrer Krankenpflege-Ausbildung war sie nach München versetzt worden. Dort verlor sie allerdings schnell an Körpergewicht. Die Arbeit zehrte an ihren Kräften. Auf ihrer Station starben viele alte und junge Leute an Krebs – die unerfahrene, sensible Schwester Anneliese starb jedes Mal ein bißchen mit. Schleunigst wurde sie nach Stuttgart versetzt, um dort Hebamme zu lernen. Das war genau die richtige Entscheidung. Statt Menschen sterben zu sehen, konnte sie ihnen jetzt zum Leben verhelfen. – Eine Tätigkeit, die die gutmütige

Frau seitdem voller Begeisterung und Enthusiasmus ausführt.

Heute ist es noch genauso wie damals, als die schwangeren Frauen schon im Vorfeld der Geburt von der Hebamme betreut und 10 Tage nach der Entbindung umsorgt wurden. »Damals mußten wir allerdings auch viel mehr arbeiten«, berichtet sie. »Manchmal war ich rund um die Uhr auf den Beinen.« Mittlerweile kommen die meisten Frauen kurz vor der Entbindung in die Klinik und bleiben maximal sechs Tage lang im Wochenbett. Das heißt aber nicht, daß die Geburten problemloser verlaufen. Im Gegenteil. »Früher haben sich die Frauen auf den Arzt und die Hebamme verlassen. Heute sind viele Schwangere überängstlich, weil sie irgendwelche Horrormeldungen gehört oder gelesen haben.«

Einen großen Vorteil sieht sie dennoch in der heutigen Zeit. Sie freut sich, daß die werdenden Väter im Kreißsaal mit dabeisein dürfen. Schwester Anneliese ermuntert sie dazu. So manchem wird allerdings schwarz vor Augen, wenn es ernst wird und er Blut sieht. Z.B. der junge Metzgermeister, der hinter dem Nachtkästchen zusammengeklappt war. »Das war ein Zwei-Meter-Hüne, ein richtiger Kleiderschrank. Aber der hat sich wieder aufgerappelt und die Geburt noch miterlebt«, erzählt die Diakonisse sichtlich erheitert.

Überhaupt hat sie zahlreiche Geschichten und Anekdoten auf Lager. Manche von ihnen fallen unter die Rubrik »Kuriositäten«. Die bisher jüngste Mutter, die unter ihrer Regie entbunden hat, war 15 Jahre jung, also selbst noch ein Kind. »Der habe ich die ganze Nacht Märchen erzählt, bis sie gepreßt hat.«

Eine andere Nacht ist ihr in besonderer Erinnerung geblieben. Zwei 17jährige Mädchen brachten ihr Kind zur Welt – jedoch unter völlig unterschiedlichen Voraussetzungen. Während die eine sich auf ihr Kind gefreut hatte, kam die andere weinend und schreiend in den Kreißsaal, weil sie sich gegen den Nachwuchs innerlich sträubte. Die Folgen waren schon am nächsten Tag zu beobachten. Während das Wunschkind sofort an der Brust der Mutter nuckelte, wehrte sich der andere Sprößling, indem er die Mutter biß. »Der Kleine hat die Ablehnung gemerkt«, ist Schwester Anneliese überzeugt. »Wenn ich es nicht selbst gesehen hätte, würde ich so eine Geschichte für Quatsch halten.«

Aber nicht nur junge Mütter hat die Hebamme betreut. Erst kürzlich hat eine 44jährige Frau ihr erstes Kind zur Welt gebracht. Der Bub ist kerngesund.

Ist denn im Laufe der Jahre bei der Geburtshelferin nie der Wunsch hochgekommen, selbst Mutter zu werden? Die Antwort kommt wie aus der Pistole geschossen: »Nein. Dazu hat sicher beigetragen, daß ich in viele Ehen Einblick gewonnen habe, die nach außen hin glücklich schienen. Aber sobald ich mit einem der Partner allein geredet hatte, kamen viele Probleme zur Sprache. Da habe ich oft gedacht: Gut, daß ich das nicht mitmachen muß.«

Statt dessen nimmt sich Schwester Anneliese Zeit, um für die Frauen mit ihren Problemen und Sorgen Ansprechpartnerin zu sein. Mit manchen ist sie seit über 30 Jahren in Kontakt. Verbindung hat sie auch noch zu vielen der Kinder, die dank ihrer tatkräftigen Unterstützung auf die Welt gekommen sind. Das zeigt sich an vielen Samstagen eines Jahres. Denn dann eilt die reisefreudige Frau von einer Hochzeit eines ehemaligen Sprößlings zur anderen. Sie ist gern bei diesen Festivitäten dabei. Zumal es dort immer leckere Sachen zu essen gibt. Schwester Anneliese ist nämlich keine Kostverächterin...

Täglich den Tod vor Augen

Der katholische AIDS-Seelsorger

Petrus Ceelen

Wenn Petrus Ceelen aus seinem Bürofenster in der Stuttgarter Innenstadt schaut, sieht er auf den Bolzplatz des »Bohnenviertels«: Kinder spielen Fußball, junge Leute schlendern mit Schulranzen oder Aktentaschen vorbei. Nichts deutet darauf hin, daß es hier nur einige Stunden später, wenn es dunkel geworden ist, weniger harmlos zugeht. Drogensüchtige Mädchen und Strichjungen bieten sich zur Prostitution an. Viele von ihnen haben Aids, die todbringende Immunschwächekrankheit. Insgesamt wird die

Zahl der Aids-Infizierten im Raum Stuttgart auf mindestens 2 000 geschätzt.

Gerade um diese Menschen, die zum sozialen Bodensatz der Gesellschaft gehören, kümmert sich Petrus Ceelen. Seit 1992 arbeitet der 50jährige als Aids-Seelsorger der Diözese Rottenburg-Stuttgart. Bisher ist es einmalig, daß ein Mitarbeiter der katholischen Kirche freigestellt wird, um Infizierte und Aidskranke seelsorgerlich zu begleiten.

Daß ausgerechnet die katholische Kirche mit ihrer – zumindest laut offizieller Verlautbarungen – recht eigenwilligen Sexualmoral diese Arbeitsstelle eingerichtet hat, mag im ersten Moment verwundern. »In der Tat hat die katholische Kirche oft Äußerungen getan, die alles andere als hilfreich sind für die Betroffenen, vor allem für homosexuelle Menschen«, räumt Petrus Ceelen ein, fügt aber gleich hinzu, daß die katholische Kirche nicht nur aus dem Papst und einigen Bischöfen bestehe. »Sehr viele Christen an der Basis denken und verhalten sich anders. Sie fragen nicht nach Schuld und Moral. Sie sehen die Not der Kranken und wollen ihnen helfen.«

Berührungsängste sind dem Katholiken fremd. Die letzten 16 Jahre hatte er im Knast verbracht – als Seelsorger an einem Gefängniskrankenhaus in der Nähe von Ludwigsburg. Bereits dort war er mit dem harten Schicksal HIV-positiver Gefangener konfrontiert worden. Einige traf er nach ihrer Entlassung in die Freiheit in Stuttgart wieder.

Unter den Infizierten und Aids-Kranken hat es sich schnell herumgesprochen, daß »Bruder Petrus«

ganz in Ordnung ist. »Die Reaktion der Betroffenen auf meine Besuche ist sehr positiv«, erzählt der gebürtige Belgier. »Ich denke, sie sehen in mir weniger einen Mann der Kirche, als vielmehr einen Menschen, der sie ernst nimmt und mit dem sie endlich offen reden können.«

Mittlerweile sind es 70 Leute, die Petrus Ceelen betreut – oft mehrere Jahre lang, bis zu ihrem Tod. »Für mich ist es immer wieder überraschend, wie offen manche über alles reden können, bis hin zu ihrer eigenen Beerdigung. Der Aidskranke ist gezwungen, sich mit dem Sterben auseinanderzusetzen.«

Irgendwann wird auch der Glaube thematisiert. Das wird von Petrus Ceelen aber nicht krampfhaft forciert. »Ich gehe nicht zu den Kranken, um ihnen meinen Glauben zu verkaufen. Zunächst erzähle ich davon gar nichts.« Dennoch wird er immer wieder gefragt: »Was glaubst du?« »Wie ist das mit dem Leben nach dem Tod?« »Dann bin ich gefragt, zu meinem Glauben Stellung zu beziehen.« Bis hierher hat Petrus Ceelen, der Introvertierte, eher bedächtig gesprochen. Jetzt wird seine Stimme bestimmter: »Ich glaube, daß das, was ich tue, selbstverständlich ist für einen Menschen, der sich als Christ versteht. Wenn man bedenkt, daß Jesus gerade die Menschen, die sich am Rande aufhielten, in die Mitte gestellt hat, dann muß ich meine Motivation wohl nicht näher erläutern.«

Petrus Ceelen empfindet die Gespräche mit den Aids-Infizierten, bei denen er meist der Zuhörende ist, nicht unbedingt als Belastung. Automatisch denkt auch er über sein eigenes Leben nach. Für viele sogenannte Kleinigkeiten wird er dankbarer: »Wenn ich z. B. im Wald jogge, denke ich an die vielen, die das nicht mehr so erleben können. Mir fällt ein Gefangener ein, der zwar Aids hat, aber nicht begnadigt wird. Er hat zu mir gesagt, daß er nur noch einen Wunsch habe: ein einziges Mal den Wald zu sehen!«

Petrus Ceelen hilft nicht nur mit tröstenden Worten, sondern auch durch die Tat. Die meisten seiner »Gemeindemitglieder« leben von der Sozialhilfe und befinden sich in einer finanziellen Notlage. Deshalb übernimmt »Bruder Petrus« häufig ihre Strom- oder Telefonrechnungen oder zahlt ihre Bahnfahrkarten. Für einige hatte er die Kosten für den Urlaub übernommen – wie für die Mutter von drei Kindern, deren Mann erst kürzlich beerdigt worden war. »Sie ist selbst aidskrank und konnte so wohl zum letzten Mal in den Urlaub fahren.«

Natürlich kann Ceelen dies alles nicht aus eigener Tasche zahlen. Deshalb hat er einen Hilfsfonds eingerichtet, in den regelmäßig 200 Spender einzahlen.

Während Petrus Ceelen tagtäglich mit Infizierten und Aidskranken zu tun hat, stellt er in der Bevölkerung noch immer große Berührungsängste gegenüber der Krankheit fest – trotz breiter Aufklärung durch die Massenmedien. Erst kürzlich sagte ihm ein Vater eines aidskranken Mädchens: »Wenn das in der Nachbarschaft bekannt wird, daß unsere Tochter Aids hat, dann gibt uns hier keiner mehr die Hand. Man würde uns beim Bäcker schneiden und mit der Sagrotan-Flasche hinterherlaufen.«

Auch der Kommunalpolitik attestiert der engagierte Seelsorger, ihre Hausaufgaben noch nicht gemacht zu haben. Er vermißt in Stuttgart vorbeugende Maßnahmen gegen Aids, wie z. B. Automaten, aus denen Drogenabhängige kostenlos Einweg-Spritzen bekommen können. »Aber die gibt's hier nicht«, beklagt er sich. »Abends sitzen die Süchtigen zusammen und lassen die Nadel kreisen. Da braucht sich keiner wundern, daß so viele Fixer durch die Spritze infiziert werden.«

Trotz dieser Bedingungen resigniert Petrus Ceelen nicht. Schließlich bekommt er von den Kranken viel Wärme und Anerkennung. Daß eine Aids-Infizierte ihm einen Kuchen backt, ist keine Seltenheit. Gegen das Wort Erfolg im Zusammenhang mit seiner Arbeit wehrt er sich entschieden. »Wenn ich dazu beitragen kann, daß ein Mensch seine Krankheit annehmen kann, daß er leichter sterben oder daß er vielleicht im Hinblick auf den gekreuzigten Christus seinen Tod in einem anderen Licht sehen kann, dann ist das kein Erfolg, aber etwas sehr Wichtiges, was da passiert.«

Dennoch: Auch ein Petrus Ceelen ist kein Übermensch. Auch er braucht Freiräume, um abzuschalten und aufzutanken. Als erste Kraftquelle nennt er seinen Glauben, der es ihm ermöglicht, die Dinge in einem größeren Zusammenhang zu sehen. Trotzdem verheimlicht Ceelen nicht, daß er »manchmal eine ganz schöne Wut auf den lieben Gott« hat. »Ich denke an einen 9jährigen Buben, dessen Mutter jetzt an Aids gestorben ist, nachdem er sein vierjähriges

Schwesterchen schon an Aids verloren hat. Da frage ich mich manchmal: ›Sieht Gott denn nicht, daß das für einen Menschen zu viel ist, ein solches Schicksal zu tragen?‹« Trotzdem könne er seine schwere Arbeit nur tun, »weil ich glaube, daß es einen Gott gibt«.

Neben seiner Familie – Ceelen hat keine Priesterweihe vollzogen, dafür aber zwei Töchter großgezogen – und dem Joggen (»mindestens dreimal pro Woche«) ist das Schreiben für ihn zu einem Ventil geworden, um Druck abzulassen. In seiner Freizeit bringt er alles zu Papier, was ihn bedrückt und bewegt. »Wenn ich das nicht mehr könnte, müßte ich aufs Dach steigen und ganz laut schreien.«

Du sprichst nicht so laut
wie die Leute tönen.

Du sprichst nicht so viel
wie die Politiker reden.

Du sprichst nicht so hoch
wie die Pfarrer predigen.

Du sprichst nicht so
wie wir mit Worten.

In der Tat sprichst Du anders.

Petrus Ceelen
(aus: Ich möchte mir dir reden, Patmos Verlag, Düsseldorf.)

Leute machen Kleider

...und
Heila Scholl

verkauft sie

»Die neuen Kolorierungen für die Herbst-/Wintermode sind Erdtöne, also braun, laub und rinde in den verschiedensten Richtungen. Auf der anderen Seite sind besonders kräftige Farben gefragt...« Musik dröhnt aus den Lautsprechern, junge Damen schreiten graziös über den Laufsteg – sie tragen die neuesten Kollektionen aus dem Modehaus Raithle. Die hübsche Brünette mit dem Mikrofon in der Hand erklärt den Besuchern dieser Modenschau fachkundig die neuesten Trends.

Die junge Dame heißt Heila Scholl, geborene Raithle. Sie ist die Juniorchefin des Modehauses aus dem schwäbischen Winterbach. Zehn Angestellte hören auf ihr Kommando und auf das ihrer Eltern. Trotz ihrer erst 29 Jahre ist Heila Scholl in der Modebranche bereits ein alter Hase.

Mit 17 begann sie eine Lehre als Einzelhandelskauffrau bei einem Bekleidungsunternehmen. Dabei hatte sie eigentlich Krankenschwester werden wollen. Aber sie fand damals keinen Ausbildungsplatz – heute angesichts des Pflegenotstandes undenkbar. Die Arbeit in der Modebranche gefiel ihr so gut, daß sie ein Studium der Betriebs- und Textilwirtschaft anschloß. Zielstrebig kletterte sie auf der Karriereleiter nach oben. In den zwei Firmen, in denen sie nach dem Studium tätig war, wurden ihr bald Führungsaufgaben anvertraut. Sie hatte Erfolg.

Dann kam die Frage von Vater und Mutter, ob sie ihr erworbenes Know-how nicht ins elterliche Modehaus einbringen wolle. Sie wollte. Ihre erste Tat: Die Einführung einer EDV-Anlage. Heila Scholl: »Zur Zeit bin ich dabei, die EDV noch auszubauen. Damit mache ich neben der Warenwirtschaft vor allem die Auswirkungen für die Limitplanung; also wo und was darf man einkaufen, bei wem kaufe ich nicht mehr ein. Vor allem aber bin ich ganz gewöhnlich im Verkauf tätig.«

»Hand auf's Herz: Wie vielen Kunden haben Sie schon Kleidung angedreht, die diese gar nicht haben wollten?« Ihre Antwort kommt wie aus der Pistole geschossen: »Ich verkaufe nur das, was die Kunden haben wollen. Aus dem Gespräch mit ihnen höre ich heraus, welche Vorstellungen sie haben. Ich bin aber so ehrlich, jemandem zu sagen, wenn ihm oder ihr z. B. eine Hose oder ein Kleid nicht sonderlich gut steht.« Sie verkaufe nicht nur um des Umsatzes willen, versichert sie glaubwürdig. Zufriedene Kunden seien ihr wichtiger.

Dennoch ist der Kundenkontakt für Heila Scholl immer wieder eine Gratwanderung. »Ich muß sehr sensibel dafür sein, wie weit ich mit meinen Ratschlägen gehen kann.« In der heutigen Zeit, erzählt sie mit einem sympathischen Lächeln im Gesicht, werde es immer wichtiger, daß niemand Mode um der Provision willen verkaufe. Gefragt sei die adäquate Ansprechpartnerin für den Kunden, die nicht ständig an den Feierabend denkt.

Diese Geschäftsphilosophie kommt nicht von ungefähr. Heila Scholl ist Christin. Sie will sich nicht durch unsaubere Methoden oder an der Unsicherheit mancher Kunden bereichern. Schwierigkeiten bekommt sie nur bei einer ganz besonderen Kundschaft, den Pfennigfuchsern: »Die kommen rein, kaufen zwei Hemden und fragen gleich danach, wieviel Rabatt sie kriegen. Dann denke ich an den Kunden vom Vortag, der für 1000 Mark eingekauft hat, ohne einen Preisnachlaß zu verlangen.« Solche unangenehmen Situationen erfordern viel Fingerspitzengefühl. Die richtige Wortwahl und ein blitzschnelles Abwägen sind hierbei unbedingt notwendig.

Trotz solcher Erfahrungen verkauft Heila Scholl

gern Mode. In ihren Augen kann eine fachkundige Beratung beinahe schon eine therapeutische Funktion annehmen: »Bei uns kommen manchmal Frauen vorbei, die gerade einen Arztbesuch hinter sich haben. Als Ausgleich wollen sie sich etwas Schickes gönnen. Wenn sie dann mit einer hübschen Bluse aus der Umkleidekabine herauskommen, sehen manche völlig verändert aus. Kleidung kann für das Selbstbewußtsein sehr wichtig sein.«

Die Zeiten, in denen vor allem Christen Probleme und Schwierigkeiten mit schicker Kleidung und einem hübschen Make-up hatten, gehören nach Heila Scholls Erfahrung inzwischen der Vergangenheit an. Zwar sei sie vor sechs oder sieben Jahren noch etwas schief angeschaut worden, wenn sie geschminkt und elegant gekleidet im Gottesdienst erschien. Heute sei das aber anders, bemerkt sie zufrieden. Nicht nur, daß viele Teenager und junge Erwachsene aus christlichen Kreisen gut angezogen sind. Auch zahlreiche ältere Mitglieder ihrer Kirchengemeinde lassen sich von der Modekennerin gern einkleiden.

Einer Gefahr, die die Modebranche mit sich bringt, ist sich Heila Scholl bewußt: Man begeht leicht den Fehler, den Menschen nach seinem äußeren Erscheinungsbild zu beurteilen. Da müsse sie sich immer wieder selbst ermahnen, erzählt sie nachdenklich, daß der Wert eines Menschen nicht von seinem Outfit abhänge.

Die andere Verlockung der Modebranche: Wer viel und gut arbeitet, kann recht schnell Karriere machen. Heila Scholl gibt zu, daß ihr der Beruf »wahnsinnig viel Spaß macht«. Aber er ist ihr nicht so wichtig, daß sie dafür Ehe und Familie opfern würde. »Mann und Kinder haben Vorrang. Sonst leidet einer darunter, und das will ich nicht.« Deswegen kümmert sie sich jetzt erst einmal um ihr Kind, das im Sommer letzten Jahres auf die Welt gekommen ist.

Auf lange Sicht will sie ihren Beruf allerdings nicht an den Nagel hängen. Schließlich schlummert in ihr noch ein Traum: der vom eigenen Modegeschäft.

Vom Domspatz zum Tastentiger

Joe Pöhlmanns

Odyssee
durchs harte
Musikbusiness

Übungsraum der Regensburger Domspatzen. Die Probe der begabten jungen Sänger ist für eine kurze Zeit unterbrochen. Am Klavier hat sich ein 12jähriger Knabe niedergelassen und klimpert vor sich hin. Er spielt allerdings keinen Kirchenchoral, sondern eine ganz profane Melodie; den alten Beatles-Klassiker »Hey Jude« holt der Junge aus den Tasten heraus und ist von dem Popsong hingerissen. Joe Pöhlmann heißt der Domspatz, der sich schon bald in einen Tastentiger verwandeln sollte.

Musikalisch war er schon, seit er denken kann. »Es gab und gibt für mich nichts Schöneres, als Musik zu machen«, erinnert sich der heute 30jährige Sänger und Pianist mit der hohen Stirn. Die Vorliebe für groovige Rhythmen und hübsche Melodien ist ihm schon in den Genen mitgegeben worden. Der Vater des gebürtigen Franken aus der Nähe von Nürnberg war Musiklehrer, seine Mutter musikalisch begabt. Deswegen legten sie ihrem Sohn auch keine Steine in den Weg, als sich dieser nach der mittleren Reife entschloß, sein Leben ganz der Musik zu widmen.

Mit 14 bearbeitete er zum ersten Mal in einer Band die Tasten. Dann gründete er seine eigene Joe Pöhlmann-Band und gab sich dem Jazzrock hin. Anschließend tourte er mit Johnny Davis' Formation »Joker« durch die Lande. In bester Erinnerung ist ihm ein Konzert in Dresden in der damaligen DDR geblieben. Während im Westen kaum mehr als 50 Leute zu den Konzerten kamen, wollten in der sächsischen Metropole 7000 Musikfans die »Wessis« hören.

Finanziell konnte er sich mit diesen Auftritten allerdings kaum über Wasser halten. Unterstützung bekam er von seinen Eltern, die ihn zwar lieber als Versicherungsagenten gesehen hätten, gegen seine Musikbesessenheit allerdings auf verlorenem Posten standen. Die Chance, das große Geld zu machen, bot sich Joe in einer Zeit, in der er für den deutschen Schlagerpapst Ralph Siegel Lieder komponierte. Stars wie Nicole, Stefan Waggershausen oder Wolfgang Petri verewigten die Melodien auf ihren Platten. Joe bewarb sich auch mit eigenem Songmaterial für den Grand Prix d'Eurovision de la Chanson, den großen europäischen Schlagerwettbewerb, der jedes Jahr ausgetragen wird. Prompt kam eines seiner Lieder in die deutsche Vorentscheidung.

Joe Pöhlmann legte sich kurzerhand einen Künstlernamen zu und trat als Danny Fischer bei dem vom Fernsehen live übertragenen Spektakel auf. Zwar konnte er keinen Sieg landen, aber dafür avancierte er in seiner Heimatstadt Hilpoltstein zum großen Helden. »Die Leute standen kopf. Sie haben mich hofiert wie einen Star. Ich konnte nicht mal in den Supermarkt gehen, ohne ständig angegafft zu werden«, erinnert er sich.

Joe war nun ein gefragter Mann. Manager aus der Musikbranche versuchten ihn groß herauszubringen. Das musikalische Zeug dazu hatte er. Zu Beginn ließ sich Joe darauf ein – wenn auch mit gemischten Gefühlen. »Ich habe an die Leute geglaubt. Obwohl der Schlager überhaupt nicht das war, was ich machen wollte. Ich mußte zu den Shows immer irgendwelche Klamotten anziehen und stand da wie ein geleckter Affe.«

Seine Emotionen fuhren Achterbahn mit ihm. Auf der einen Seite war es ein tolles Gefühl, bekannt zu sein. Andererseits »hat sich mein Herz schlecht gefühlt«. Der Druck, der von außen immer stärker auf ihn einwirkte, belastete ihn mehr und mehr. Während andere weiter kräftig an ihrer Karriere bastelten, kapselte Joe sich ab und begann Joints zu rauchen. Erst hin und wieder, dann täglich. »Ich bin nicht mehr ans Piano gegangen, ohne daß ich zugeraucht war.«

Dann versuchte er den Ausstieg aus der Schlagerbranche. Er wollte mit Macht allen zeigen, daß Joe Pöhlmann auch anders kann und trotzdem erfolgreich ist. In einem »Größenwahn hoch acht« produzierte er auf eigene Kosten seine erste Popscheibe »Born in the American Zone«. Zur Finanzierung mußte er Kredite aufnehmen und verschuldete sich bis über beide Ohren. Abhängig vom Hasch und pleite obendrein: mit gerade 25 Jahren war Joe Pöhlmann am Ende.

»Ich war sehr verzweifelt und wußte wirklich nicht mehr, wie es weitergeht«, erzählt er und fährt fort: »Eines Nachts ging dann einfach nichts mehr. Ich bin zu meiner Mutter gegangen, habe an ihre Tür geklopft und gesagt: ›Ich kann nicht mehr‹.« Überraschenderweise reagierte die gläubige Frau nicht entsetzt. Vielmehr fragte sie ihren Sohn, ob sie mit ihm beten solle. »Ich habe einfach ja gesagt, und plötzlich wußte ich: Jesus ist da.«

Am nächsten Tag mußte Joe vor 300 Besuchern ein Konzert geben. Äußerlich sah er fahl und fertig aus, »aber mein Herz hat wieder gelebt«. Dann kam der Abend, an dem er beschloß, zum ersten Mal ohne vorherigen Drogenkonsum Klavier zu spielen. Joe war so angespannt, daß er am ganzen Körper stark zitterte. Aber dann geschah etwas Außergewöhnliches. »Es war auf einmal weg. Dieses Verlangen nach einem Joint war wie weggeblasen und ist seitdem verschwunden.« Joe konnte sein Programm voll durchspielen.

Überhaupt wurde sein Leben umgekrempelt. Auch wenn es sich wie ein Hollywood-Drehbuch liest: Joe lernte kurze Zeit nach seiner ersten persönlichen Gotteserfahrung seine heutige Frau Barbara, eine Jurastudentin, kennen. Sie ist oft mit dabei, wenn er zu auswärtigen Terminen unterwegs ist. Es kann aber auch vorkommen, daß er ganz allein zwei Wochen lang Abend für Abend mit seinem Klavierspiel die Gäste eines Nobel-Hotels zum Träumen und Tanzen bringt.

Joe liegt viel daran, sich nach seiner Hinwendung zum christlichen Glauben nicht im frommen Ghetto zu verschanzen, sondern bewußt seine wiedergewonnene Lebensfreude anderen mitzuteilen. Dazu gehört auch, daß er weiter den Kontakt zu seinen Kolleginnen und Kollegen aus der Schlagerbranche pflegt.

Joe ist überzeugt, daß viele von ihnen nicht nur auf der Suche nach Anerkennung, sondern auch nach einem Lebenssinn sind. Seiner Meinung nach kommt diese Sehnsucht in vielen der seichten Schmalspurtexte zum Ausdruck. »Wenn Nicole sich musikalisch ›ein bißchen Frieden‹ wünscht, dann ist das mehr als nur ein Schielen auf hohe Verkaufszahlen.« Überhaupt Nicole. Sie ist jemand, den Joe sehr schätzt. »Sie ist eine gute Sängerin, die ihr Publikum freundlich behandelt. Sie konnte den Leuten immer etwas geben – auch wenn es nur Träume waren.« Mit ihren samtweichen Schmuseballaden wird Joe sich aber wohl nie anfreunden können. Dazu ist er, der Stevie Wonder als sein musikalisches Vorbild nennt, zu sehr in der modernen Popmusik verwurzelt.

Die ganze Bandbreite seines Repertoires präsentiert er auf seinem zweiten Soloalbum »Joy«, das er 1993 bei einem christlichen Verlag unter seinem Künstlernamen PROJOE herausgebracht hatte. Sämtliche Songs sind von ihm eigenhändig arrangiert worden. Die Ideen kommen ihm meist dann, wenn er in einer Bar Tanzmusik macht. Um sie sofort festzuhalten, hat er immer ein kleines Aufnahmegerät bei sich. Während manche Songwriter-Kollegen sich hinter ihren Computern verschanzen, um krampfhaft neues Liedmaterial aus der Software zu filtern, ist bei Joe Pöhlmann noch alles Handarbeit und kommt aus dem Bauch heraus.

Ehrlich gesagt könnte er mit Musik-Computerprogrammen gar nicht richtig umgehen. Denn Notenlesen hat der Autodidakt nie gelernt. Dafür aber etwas anderes: sehr sensibel die Reaktionen des Publikums einzufangen. Seiner Meinung nach gibt es zwei Arten von Applaus: »Wenn ich den Leuten gezeigt habe, was ich alles auf dem Kasten habe und wie toll ich bin, dann gröhlen sie. Wenn ich aber auf die Bühne gehe, weil ich mit meiner Musik Gott die Ehre geben will, dann überträgt sich das aufs Publikum.« Joe sucht nach Worten, um den Unterschied deutlich zu machen. Dann hat er sie gefunden und grinst bis über seine beiden großen Ohren: »Es ist ein Applaus, der aus dem Herzen kommt. Da geht die Sonne auf.«

»Der Glaube ist mein Kontrollorgan«

Der liberale Bundestagsabgeordnete

Norbert Eimer

Dienstag morgen, halb fünf. Draußen ist es noch stockdunkel, doch der Wecker klingelt erbarmungslos in dem hübschen Einfamilienhaus in Fürth. Für Norbert Eimer ist dies nichts Besonderes. Bloß das allwöchentliche Signal zum Aufbruch an seinen Arbeitsplatz. Der befindet sich nicht gerade um die Ekke, sondern gut 450 Kilometer entfernt in Bonn. Mit dem Auto geht's zum Nürnberger Flughafen und mit der Maschine in die Schaltzentrale deutscher Politik. Punkt halb neun sitzt der 54jährige FDP-Politiker hinter seinem Schreibtisch und studiert Zeitungen und Akten. Es ist nichts Ungewöhnliches, wenn Norbert Eimer erst gegen 23.00 Uhr in seine Bonner Wohnung kommt. Bis dahin arbeitet er, abendliche Vergnügungen stehen nicht in seinem reichgefüllten Terminkalender. »Ich kenne Bonn gar nicht«, gesteht er. »Ich war vielleicht zehnmal in der Stadt.« Und das in achtzehn Jahren. Seit 1976 nimmt Norbert Eimer sein Mandat als Bundestagsabgeordneter für die Liberalen wahr. Natürlich trifft er sich mit seinen Politikerkollegen auch mal außerhalb der Parlaments- und Fraktionssitzungen, am liebsten in der bayerischen Landesvertretung, denn »da ist das Essen am besten«, schmunzelt der bodenständige FDP-Mann.

Viel lieber würde er allerdings am heimischen Tisch sitzen. Bei seiner Frau und den drei Kindern zwischen 13 und 20 Jahren. Die sind es, die am meisten unter seinem enormen Arbeitspensum zu leiden haben. Eimer räumt ein, daß er seinen Beruf nur ausüben könne, »weil die Familie mitspielt. Ich habe keinen Schritt gemacht, ohne ihn mit meiner Frau abzusprechen. Ich lade alles Private, was normalerweise die Männer erledigen, bei meiner Frau ab.« Er habe den Eindruck, daß die Ehe eines Politikers besonders gefährdet sei, räumt er ein. Entweder gehe sie aufgrund der Extremsituation auseinander oder sie werde zusammengeschweißt. Bei Eimers trifft letzteres zu.

Nicht in Bonn tätig zu sein, heißt für den familienpolitischen Sprecher der FDP-Fraktion noch lange nicht, die Füße hochzulegen. In den sitzungsfreien

Wochen pflegt Norbert Eimer den Kontakt zur Basis. Den Vorwurf, daß viele Bonner Politiker in ihrem Abgeordneten-Elfenbeinturm nicht wüßten, wo der Schuh beim einfachen Bürger drückt, läßt der Liberale nicht auf sich sitzen.

»Ich bin ständig auf Veranstaltungen in ganz Bayern, wo Leute mit ihren Problemen auf mich zukommen. Da geht es um Rentenfragen, das Sorgerecht, ungewollte Schwangerschaften ihrer Kinder und vieles mehr. Ich glaube, wir Politiker kriegen mehr mit als der normale Bürger.« Außerdem werde er von seinen Parteifreunden in den einzelnen Kreisverbänden auf dem laufenden gehalten oder informiere sich in Bonn bei den Wirtschaftsverbänden.

An eine Politikverdrossenheit beim Bürger will Eimer nicht so recht glauben. Vielmehr sieht er hier eine Entwicklung, die von frustrierten Intellektuellen mit Hilfe der Medien in Gang gesetzt wurde. Denn die Politiker hätten sich gegenüber früher nicht grundlegend geändert. Mit einer Ausnahme: »Jemand, der beruflich sehr erfolgreich ist, geht heute nicht mehr in die Politik. Ich würde das auch nicht mehr tun. Erstens bräuchte ich mich nicht beschimpfen zu lassen und zweitens würde es mir finanziell wesentlich besser gehen als jetzt.«

Warum ist er dann noch dabei? Weil seiner Meinung nach eine Demokratie vom einzelnen immer Engagement verlange. Außerdem sieht der Freidemokrat in unserer Gesellschaft eine gefährliche Entwicklung, der er entgegensteuern möchte: »Ich glaube, daß wir sehr egoistisch geworden sind. Deswegen müssen wir uns um Objektivität bemühen und wissen, wo unsere persönliche Freiheit eine Grenze hat. Nämlich da, wo die des anderen beginnt.«

Wer erwartet, Norbert Eimer würde für eine neue Moral plädieren, liegt daneben. Moral sollte seiner Meinung nach nicht als politische Waffe verwendet werden. Wer in eine unmoralische Ecke gedrängt werde, könne sich nur befreien, wenn er ebenso argumentiere. »Das ist dann der Beginn von Schlammschlachten«, weiß Eimer. Gerade in einem Zeitalter der Schnellebigkeit und der medialen Kurzberichterstattung müsse man wieder zur sachlichen Auseinandersetzung finden. Diese hatte Norbert Eimer bei seinen ersten politischen Gehversuchen ausgiebig genossen: 1960 als Maschinenbaustudent bei Wahlkämpfen für die Jungdemokraten (heute: Jung-Liberale), wenig später als Mitglied der Programmkommission, die die Freiburger Thesen erarbeitete. 1972 kandidierte Eimer erstmals für den Deutschen Bundestag, sein Platz 10 auf der bayerischen Landesliste reichte allerdings noch nicht aus, um den Sprung nach Bonn zu schaffen.

Das klappte erst vier Jahre später, »als ich gar nicht damit gerechnet hatte«. Bis dahin war der Ingenieur bei verschiedenen Firmen vorwiegend in der Qualitätskontrolle und Rationalisierung tätig gewesen. Jetzt avancierte er zum Profi-Politiker. Von Anfang an war für den gebürtigen Sudetendeutschen klar, daß die Sozialpolitik sein Gebiet sein würde. Mittlerweile ist Eimer nicht nur familien- und seniorenpolitischer Sprecher seiner Fraktion, sondern auch noch

Vorsitzender der Kinderkommission des Deutschen Bundestages. Hier bemüht er sich vor allem um den Bereich des Sorgerechts. Leidtragende sind seiner Meinung nach in erster Linie die Kinder. »Wenn eine Ehe geschieden wird, dann trennen sich zwar die beiden Partner, aber nicht die Kinder von ihren Eltern. Bisher wurden Kinder wie eine Sache behandelt und einem Elternteil zugewiesen. Das kann nicht sein. Kinder haben ein Recht auf beide Eltern.«

Vor 12 Jahren habe er schon versucht, auf diesem Gebiet etwas zu ändern. Damals noch ohne Erfolg. Die jetzt anstehende Rechtsreform, »eine der größten der Rechtsgeschichte«, habe er aber sicher mit losgetreten, freut sich der Politiker.

Daß seine Tätigkeit in den Medien wenig Beachtung findet, stört den akribischen Arbeiter nicht. Im Gegenteil. In der Partei kenne und schätze man seine Arbeit, weiß er. Norbert Eimer ist eben nicht der Typ fürs Rampenlicht. Er arbeitet lieber an der Sache, stets auf der Suche nach der besten Lösung für ein Problem.

In der Abtreibungsfrage ist ihm dies besonders schwer gefallen. Denn »Abtreibung ist Tötung von Leben«, sagt Norbert Eimer als Christ und als Privatperson. Wenn es aber darum geht, die Problematik in einem Gesetz zu regeln, dann »muß ich davon ausgehen, daß es Leute gibt, die andere religiöse Vorstellungen haben oder gar keine«. Es gebe Dinge zwischen Himmel und Erde, die sich einem menschlichen Richterspruch entzögen. »Ich gebe zu, daß ich hier überfordert bin. Deshalb sage ich als Liberaler:

Abtreibung ist nicht rechtmäßig, aber ich werde sie in den ersten drei Monaten nicht bestrafen.« Als Christ werde er jedem und jeder empfehlen, nicht abzutreiben, meint er. Es seien bereits zahlreiche Leute zu ihm gekommen, um sich Rat zu holen. »Ich bin dankbar, daß alle nachher angerufen und sich für das Kind entschieden haben.«

Fraktionszwang gebe es in seiner Partei nicht, meint Norbert Eimer. Als Beispiel gibt er seine Haltung zur ersten Steuerreform an, die die jetzige Koalition durchgeführt hat. Als familienpolitischer Sprecher habe er sie abgelehnt, obwohl von seiten der Fraktion die Marschroute ausgegeben wurde, dem Koalitionspartner entgegenzukommen und zuzustimmen. »Ich bin zum damaligen Fraktionsvorsitzenden Mischnick gegangen und habe gesagt, daß ich mir vom Bundestagspräsidenten Redezeit erbeten werde.« Worauf Mischnick ihm Zeit von der Fraktion angeboten hat. »Also habe ich dann auf Kosten der Fraktion gegen die Fraktion gesprochen.« Kompromisse mußte Norbert Eimer genügend in seinem Politikerdasein eingehen, aber keine faulen. Dazu verpflichtet ihn allein schon sein Glaube. »Der Glaube ist quasi mein Kontrollorgan«, erzählt der Liberale, »mit dem ich überprüfe, ob die Auswirkungen der Politik verantwortbar sind.«

Norbert Eimer ist nicht der einzige Bundespolitiker, dem der christliche Glaube wichtig ist. Einmal im Monat treffen sich regelmäßig 15 bis 20 Abgeordnete aus allen Fraktionen zum gemeinsamen Gebetsfrühstück. Außer Brötchen und Kaffee gibt es ein Referat zu einem biblischen Thema, über das anschließend diskutiert wird.

Eimer war auch schon beim »National Prayer Breakfast« in Washington dabei, das vom amerikanischen Präsidenten veranstaltet wird. Die Treffen, bei denen alle US-Präsidenten seit John F. Kennedy anwesend waren, haben allerdings eine ganz andere Dimension als die Bonner Variante. 2.500 Politiker und andere gesellschaftlich relevante Persönlichkeiten beten gemeinsam und sprechen über ihren Glauben. »Das läuft in einer Form ab, die einem deutschen Protestanten, wenn er nicht gerade zu den Charismatikern oder Pietisten gehört, etwas fremd ist. Aber es ist eine angenehme Atmosphäre, weil die Amerikaner offen und herzlich sind.«

Wenn er sonntags frei hat, besucht Norbert Eimer – übrigens auch Vorsitzender des evangelisch-liberalen Gesprächskreises Bayern – gern den Gottesdienst seines Heimatortes. Besonders die Predigten des Pfarrers haben es ihm angetan. »Da weiß man wenigstens noch beim Rausgehen aus der Kirche, worüber er gepredigt hat.«

Aber wann hat ein Berufspolitiker schon mal einen freien Tag? »Zwischen Weihnachten und Drei Könige.« In diesem Zeitraum nimmt Norbert Eimer keine Termine an und flieht mit seiner Familie aus der Zivilisation in die Bergwelt. Seit 25 Jahren hat der Hobbyschreiner eine Sennhütte gepachtet, in der es keinen Strom und kein fließendes Wasser gibt. Straßen sind auch Fehlanzeige, alles wird mit dem Rucksack transportiert. »Im Sommer sind Rindviecher da oben, im Winter bin ich da«, meint der FPD-Mann trocken.

In den nächsten Jahren wird Norbert Eimer wohl mehr Zeit in seinem Blockhaus verbringen können. Denn im Superwahljahr 1994 will er sich aus der Politik verabschieden. Er sei gesundheitlich ein bißchen mehr angeschlagen, als man es ihm ansehe, verrät er. Im Unruhestand will er sich als Autor versuchen und sich vor allem Themen der Sozialpolitik widmen. »Ich werde die Sachen überdenken, für die ich im Moment keine Zeit habe, und mir teilweise meinen Ärger von der Seele schreiben.« Plaudereien aus dem Nähkästchen oder Abrechnungen mit Berufskollegen darf man allerdings nicht erwarten. Das ist nicht seine Art.

Fair geht vor

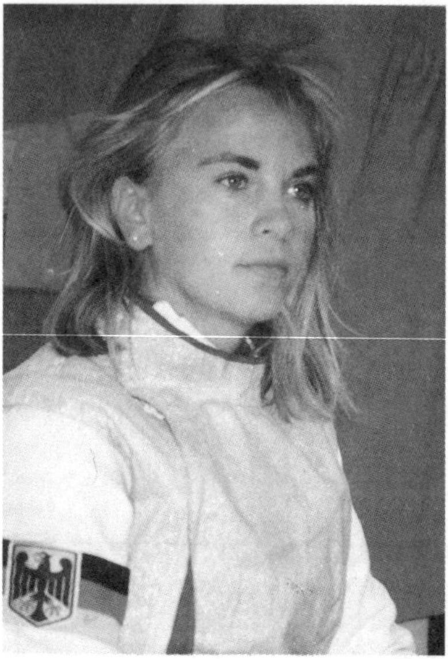

Die gelähmte Rollstuhlfechterin und Olympiasiegerin

Esther Weber-Kranz

Barcelona 1992. Die Paralympics, die Olympiade der Behinderten, sind erst wenige Tage alt. Die Stimmung in der Fechthalle ist prächtig. Die einheimischen Spanier, Teamkollegen und mitgereiste Freunde der Athleten zelebrieren auf der Tribüne ein Fest. Ein deutsches Ehepaar drückt gerade fest die Daumen für eine gemeinsame Freundin, die auf der Wettkampffläche ein nervenaufreibendes Gefecht bestreitet. »Gold for Esther« haben die beiden auf ihre T-Shirts gemalt.

Auf der Planche stehen sich die Kontrahentinnen in der Florett-Konkurrenz gegenüber. Links im arretierten Rollstuhl die Italienerin Mariella Bertini; rechts die amtierende deutsche Meisterin Esther Weber. Beide bereiten sich gerade auf ihren nächsten Angriff vor. Plötzlich beendet der Obmann, ein älterer Holländer, das Gefecht: »5:2 für Bertini«, meint er. Damit hätte die Italienerin gewonnen. Verwirrung herrscht auf und neben der Wettkampffläche. Schließlich hat die Deutsche soeben einen Treffer gesetzt. Eigentlich müßte es jetzt 3:3 stehen. »Entschuldigung«, durchbricht der Obmann die gespannte Stille, »es steht 4:2 für Frau Weber.« Wieder Verwunderung und Kopfschütteln. Esther Weber widerspricht mehrmals heftig. Sie wird beinahe aus der Halle verwiesen. Sich einem Obmann zu widersetzen, schon gar einem holländischen Gentleman, ist eigentlich zu riskant. Das Gefecht geht weiter. Esther Weber löst das Problem auf ihre Art: Sie öffnet ihre Defensivhaltung und läßt sich absichtlich von ihrer Gegnerin treffen. Schließlich gewinnt sie nicht nur das Gefecht mit 5:4, sondern später auch die Bronzemedaille.

Doch nicht dieser Erfolg oder gar ihre Goldmedaille wenige Tage danach im Degenfechten begeisterte die anwesenden Presseleute; es war das faire Verhalten der deutschen Fechterin, das von ihnen über den grünen Klee gelobt wurde. Die Folge: Esther Weber erhielt als erste behinderte Sportlerin den Fair-play-Pokal des Verbandes deutscher Sportjournalisten.

»Darüber habe ich mich sehr gefreut«, erzählt die hübsche blonde Frau rückblickend, »aber ich finde es schade, daß man für solche Haltungen, die eigentlich normal unter Sportlern sein sollten, eine Trophäe erhält. Daran sieht man, wie kaputt unser Sport schon ist.«

Nicht genug der Auszeichnungen. – Der Bundespräsident höchstpersönlich überreichte ihr das silberne Lorbeerblatt. Esther Weber hatte in den Medien Beachtung wie das achte Weltwunder gefunden. Das Bad in der Menge machte ihr zwar Spaß, erinnerte die 26jährige aber auch daran, »daß ich jetzt eine gewisse Vorbildfunktion habe. Es ist vielleicht mein Weg, behinderten Menschen Mut zu machen, ihnen zu sagen, daß sie etwas wert sind. Außerdem ist es für mich eine gute Möglichkeit, über meinen christlichen Glauben zu sprechen.«

Die mittlerweile verheiratete Esther Weber-Kranz (ihr Mann setzt sich mit einer eigenen Werbeagentur für die Belange behinderter Sportler ein) hatte schon während ihrer Kindheit im badischen Waldkirch etwas vom Glauben mitbekommen. Sie besuchte regelmäßig die Kinderstunden ihrer Kirche. Ihre Mutter war eine sehr fromme Frau, wurde deshalb allerdings von ihrem Mann ständig gehänselt. »Er hatte ihrer Bibel Seiten herausgerissen, in die Schlüssellöcher gestopft und gesagt, jetzt könne der Heilige Geist wenigstens nicht mehr herumschwirren.« Die Mutter litt sehr unter den Anfeindungen ihres Mannes. Esther ging noch zur Grundschule, als sich ihre Eltern scheiden ließen. Das war der erste Schicksalsschlag in ihrem Leben. Der zweite folgte etwa fünf Jahre später.

Im August 1983 war Esther mit ihrer französischen Austauschschülerin in eine Kneipe gefahren. Da sie beobachtet hatte, daß ihre Freunde ordentlich Alkohol gebechert hatten, fragte sie einen flüchtigen Bekannten, der sich mit Orangensaft begnügt hatte, ob er sie nicht mitnehmen könne. Er konnte – das war ihr Unglück. Im Auto befanden sich insgesamt fünf Jugendliche. Esther saß hinter dem Beifahrer, als es passierte: Der Fahrer fuhr zu schnell und verlor die Kontrolle über den Wagen. Das Auto überschlug sich. Während die vier anderen Insassen keine Folgeschäden davontrugen, hatte Esther einen Halswirbel angebrochen. Diagnose: Querschnittslähmung. Vor allem die gesamte rechte Körperhälfte ist seither stark eingeschränkt.

Drei Monate mußte Esther Weber nach dem Unfall auf einem Sandwichbett verbringen. Alle sechs Stunden wurde sie vom Rücken auf den Bauch gelegt und umgekehrt. Bewegungen waren kaum möglich. »Das nächste halbe Jahr konnte ich mich allein schlecht fortbewegen, geschweige denn alleine auf die Toilette gehen oder mich ankleiden.« Viele Tränen flossen in dieser Zeit. Vor allem, als dem sportbegeisterten Mädchen klar wurde, daß es nie mehr würde turnen oder rennen können. »Aber es gab nie einen längeren Zeitraum, in dem ich tief depressiv war. Natürlich war das erste Jahr zu Hause relativ schwierig. Ich kam kaum unter die Leute.«

Selbst in die Kirche hatte es sie seit einiger Zeit –

auch schon vor dem Unfall – nicht mehr gezogen. »Ich hatte keine Lust auf Gott, Beten und Bibellesen«, erinnert sie sich. Anklagen gegen Gott wegen ihres Schicksals gab es nicht. Der war für sie kein Thema. »Jetzt bist du eben im Rollstuhl«, konstatierte sie schicksalsergeben, »jetzt mußt du dich anpassen, mit in die Kneipe gehen, ein bißchen rumflippen. Als Rollstuhlfahrer willst du nicht auffallen. Man fällt mit vier Rädern unterm Hintern eh schon genug auf. Da wollte ich mich nicht noch dadurch lächerlich machen, daß ich sonntags die Kirche besuchte.«

Trotzdem fuhr sie 1987 zum Evangelischen Kirchentag nach Frankfurt. Hier entschied sich Esther Weber ganz neu für ein Leben als Christin. Von nun an vertrat sie ihre Überzeugungen mutiger gegenüber ihren Freunden. Sie suchte wieder den Kontakt zu einer kirchlichen Gruppe. Doch zu ihrem Entsetzen wurde die Rollstuhlfahrerin für einige besonders religiöse Leute zum Versuchsobjekt göttlicher Heilungskraft. »Manche kamen an mit frommen Schriften in der Hand und redeten nur von Heilung, Heilung, Heilung.« Natürlich hatte sie sich auch gewünscht, einfach aufstehen und losrennen zu können. Aber »ich fand das Verhalten der Leute unmöglich. Warum konnten die nicht akzeptieren, daß jemand im Rollstuhl sitzt, und daß das auch okay ist?«! Hätte es nicht zahlreiche Christen gegeben, die »normal« mit Esther umzugehen wußten – die junge Frau wäre die längste Zeit in dieser Kirche gewesen.

Aber nicht nur in christlichen Kreisen wurde ihre Behinderung zum Problem hochstilisiert. In guter

Erinnerung ist ihr noch der Besuch einer Gaststätte mit einem Bekannten, der mehrere Pferde besitzt. Zur Begrüßung wurde dieser in Anspielung auf seine rollstuhlfahrende Begleiterin grinsend gefragt, ob er heute sein lahmes Pferd dabei habe. »Das hat ganz schön weh getan«, versichert die junge Frau.

Doch Esther Weber lernte immer mehr, ihre körperliche Behinderung anzunehmen. Auch nach dem Unfall war ihr klar, daß sie »irgend etwas mit Sport« weitermachen wollte. Bereits in der Reha-Klinik probierte sie verschiedene Disziplinen aus und blieb letztlich beim Fechten hängen. 1987 machte sie in Wildbad einen Anfängerlehrgang mit. Seitdem hat sie ihre Technik perfektioniert und ist innerhalb von wenigen Jahren Deutschlands beste Rollstuhlfechterin im Degen und Florett geworden. Momentan trainiert die Sportlerin dreimal wöchentlich. Je einmal in Frankfurt, im Leistungszentrum der Fechter in Tauberbischofsheim und bei ihrem Heimatverein Waldkirch.

Nicht nur wegen des Trainings zieht es Esther Weber-Kranz noch immer in den Schwarzwald. In Freiburg studiert sie Mathematik und evangelische Theologie für das Lehramt. Im Herbst 1994 will sie ihr erstes Staatsexamen ablegen. Später möchte sie unbedingt in einer Regelschule unterrichten und nicht in einer Körperbehindertenschule. »Es ist wichtig, daß die Kinder mitbekommen, daß es Rollstuhlfahrer in unserer Gesellschaft gibt, die etwas können. Ich wünsche mir, daß es normal wird, wenn ein Rollstuhlfahrer eine normale Schule besucht.«

Der Besuch der Universität gestaltet sich bisweilen recht schwierig. In dem Gebäudekomplex, in dem sich die Verwaltung befindet, gibt es keine Aufzüge. Jedes Mal, wenn sich die Rollstuhlfahrerin für das neue Semester einschreiben möchte, muß sie vorher anrufen. Ihr Urteil: »Ich bin nicht behindert, weil ich einen Rollstuhl habe. Ich werde behindert, weil fast überall Treppen sind.«

Die Worte sprudeln aus ihrem Mund hervor. Die Frau mit den königsblauen Augen weiß die Dinge direkt auf den Punkt zu bringen. Zornig oder gar ungehalten wird sie dabei aber nie. Ebenso sachlich spricht sie über ihre Gefühle, die sie heute gegenüber dem Fahrer des Unfallwagens hegt. »Wenn wir uns sehen, grüßen wir uns. Leider gab es nie ein richtiges Gespräch, wie er zum Beispiel die ganze Sache verarbeitet hat.« Vorwürfe macht sie ihm keine. »Es hätte genausogut anders passieren können«, meint sie, »bei einem Badeunfall oder einem Sturz die Treppe hinunter.«

Mehr Emotionen kommen ins Spiel, als wir über ihre Hobbys sprechen. »Ich liebe italienisches Essen«, strahlt sie über ihr Gesicht, »vor allem Pizza und Nudelgerichte. Außerdem liebe ich die südliche Hitze, den Strand und das Meer.«

Plötzlich richtet sich ihr Blick für einen Moment in die Ferne, und ihre Stimme wird schwermütig und sehnsüchtig zugleich: »Einmal so richtig über den Strand rennen, barfuß, und dann ins Meer reinspringen – das habe ich mir immer gewünscht.«

Ein unbequemer Zeitgenosse

Der kirchliche Umweltexperte

Hans-Hermann Böhm

Es ist ein düsterer Februartag. Die Sonne spielt schon seit Stunden hinter einer dicken Wolkenwand Verstecken. Kein Grund jedoch für Hans-Hermann Böhm, in seinem eher schummerigen Büro das Licht anzuschalten. Wir führen unser Gespräch im Halbdunkel. Energiesparen praktisch. Bevor ich mit meinen Fragen loslege, ergreift der Umweltschützer die Initiative. Er hoffe sehr, daß ich mit öffentlichen Verkehrsmitteln gekommen sei. Bin ich nicht. Ich bin eher stolz, um diese Zeit einen Parkplatz in der Innenstadt gefunden zu haben. Meine leichte Rötung im Gesicht kann er zum Glück nicht sehen. Dazu ist es ja zu schummerig.

Seit September 1992 ist Böhm Umweltbeauftragter der Evangelischen Landeskirche in Württemberg. Seine Aufgabe sieht er darin, »Bewußtsein zu schärfen und Sensibilität zu fördern für Anliegen, die die Schöpfung bewahren«. Was sich so theoretisch anhört, hat durchaus praktische Auswirkungen. Erst kürzlich ist von seiner Kirche ein Energiesparprogramm beschlossen worden. Mit finanziellen Anreizen sollen Kirchengemeinden dazu gebracht werden, regenerative Energien (Energien, die wiedergewonnen werden können) sowie Energie im allgemeinen rationeller zu nutzen. Immerhin ist die Kirche ein Großunternehmen: 1.500 Kirchengemeinden und diakonische Einrichtungen allein in Württemberg verheizen jedes Jahr Gas und Öl im Wert von rund 140 Millionen Mark.

Das durchaus vorhandene Umweltbewußtsein in die Tat umzusetzen, fällt schwer. Selbst die Pfarrer hätten viele Barrieren zu überwinden, um beispielsweise auf ihr Auto zu verzichten, bedauert Böhm. Als ihnen im Großraum Stuttgart von ihrem Arbeitgeber ein kostenloses Abonnement des Verkehrsverbundes angeboten wurde, griffen nur 30 Prozent zu. »Das hat mich enttäuscht«, meint Böhm. Seiner Auffassung nach sollten gerade Christen in Umweltfragen eine Vorreiterrolle spielen. »Wenn ich an Gott als Schöpfer glaube, dann muß ich mich selbstverständlich auch für die Schöpfung einsetzen. In den meisten Kirchengemeinden ist das auch unstrittig; schwierig wird es nur, wenn es an die Umsetzung geht.«

Böhm versucht selbst, mit gutem Beispiel voranzugehen. Das hatte er schon damals getan, als der gebürtige Konstanzer während seines Studiums an der Universität in Stuttgart-Hohenheim in einer Umweltarbeitsgruppe mitwirkte. »Von so manchem sind wir als Spinner eingestuft worden«, erinnert er sich.

Verstärkt wurde sein Interesse an der Umweltproblematik durch das Forschen für seine Doktorarbeit. Diese trug den für Laien zwar nichtssagenden, dafür aber beeindruckenden Titel »Sorption und Wirkung von Chlortriazin-, Phenoxyfettsäure- und Bipyridyliumherbiziden in statischen und kontinuierlichen Kulturen planktischer Blau-, Kiesel- und Grünalgen«. Auf deutsch: »Ich habe Schadstoffe in Gewässern daraufhin untersucht, wie sie sich auf das Gewässer, die Lebewesen und letzten Endes auf den Menschen auswirken.«

In dieser Zeit begann er auf dem Balkon seiner Stadtwohnung mit dem Kompostieren. Ausgelacht worden sei er damals. Heute macht sich niemand mehr über die Bio-Tonnen lustig. Nach der Promotion und einer Tätigkeit beim Evangelischen Jugendwerk in Württemberg wurde Böhm Redakteur in Ostwestfalen. In Detmold baute er ehrenamtlich eine Ökologiestation auf und bot Seminare für Umweltschutzgruppen an.

Seit neun Jahren kommt der Öko-Experte ohne

Auto aus. In seiner Garage stehen für sich, seine Frau und die vier Kinder sechs Fahrräder. Der Umstieg war ihm nicht leichtgefallen. »Wenn man ohne Wagen auskommen muß, bemerkt man erst, daß alles auf den Autoverkehr ausgerichtet ist.« Dennoch empfindet er den Verzicht auf die Benzinschleuder nicht als Verlust. Im Gegenteil. Er sieht darin eher einen Gewinn an Lebensqualität. Im Zug oder in der Straßenbahn könne er arbeiten, lesen oder diktieren. Der einzige Knackpunkt sei der Großeinkauf. Doch dafür hat sich die sechsköpfige Familie einen Fahrradanhänger besorgt, mit dem größere Mengen transportiert werden können.

Seine vier Kinder ziehen voll mit – aus eigener Überzeugung. Die 15jährige Tochter veröffentlichte kürzlich einen eigenen Artikel über Umweltschutz in der Schülerzeitung; der 10jährige Sohn würde die Eltern seines Freundes hartnäckig löchern, warum sie ständig mit dem Auto unterwegs sein müßten.

Böhms ältestes Kind steht vor der Entscheidung, ob es den Führerschein machen soll oder nicht. Für den ökologischen Überzeugungstäter keine Frage: »Ich würde meiner Tochter raten, ihn zu machen. Es gibt Situationen, wo du unbedingt ein Auto brauchst.« Allerdings sei der Automatismus, sich danach sofort einen Wagen zu kaufen, völlig falsch, meint Böhm. Mit seinen überzeugend vorgetragenen Ansichten stößt der Umweltschützer allerdings nicht überall auf Gegenliebe. Es ist schon passiert, daß sich Bekannte von ihm und seiner Familie distanziert haben. »Das hat mir sehr leid getan, denn ich versuche wirklich nicht, die Leute zu ökologischen Taten zu bekehren. Aber mein Lebensstil hat ihnen scheinbar gereicht.«

Kein Grund allerdings für Böhm, faule Kompromisse einzugehen. Der Öko-Experte bleibt seinen Maximen treu und hält Kontakte zu Umweltverbänden und zu Politikern, die die Umweltpolitik vorantreiben wollen. »Die meisten Interessen werden lautstark vertreten, wenn es um Arbeitsplätze geht. Aber die Natur hat keine Stimme. Meine Aufgabe ist es, ihr diese zu geben.« Vor allem in einer Zeit, in der Böhm einen »immensen Rückschritt in Sachen Umweltschutz« wahrzunehmen meint. »Die Stimmung hat sich gewandelt«, erklärt er. »Es ist bestürzend, wie schnell die vollmundigen Bekenntnisse vieler Politiker beim Umwelt-Gipfel in Rio de Janeiro 1992 vergessen waren.«

Allmählich kommt Hans-Hermann Böhm in Fahrt. Es könne einfach nicht angehen, daß wir unsere Lebensgrundlagen zerstören. »Was nützt eine florierende Wirtschaft, wenn wir das noch fünf Jahre durchhalten – und dann sind die Ressourcen verbraucht!?«

Böhm ist der Auffassung, daß sich Deutschland generell in einer Strukturkrise befindet. »Wir müssen unsere Wirtschaft verstärkt ökologisch umbauen«, fordert er. Der Umweltexperte betrachtet die gegenwärtige wirtschaftliche Krise als Chance für einen Neuanfang. So müßte seiner Meinung nach der Energieverbrauch wesentlich höher besteuert werden. Als Beispiel nennt er die zu niedrige Mineralölsteuer. »Die Wirtschaft würde sich schnell darauf einstellen und sparsamere Autos auf den Markt bringen«, glaubt er.

Natürlich ist sich Böhm dessen bewußt, daß ein solcher Umdenkungsprozeß nicht von heute auf morgen geschehen kann. Schließlich hätte das Konsequenzen für den Lebensstil des einzelnen. Dennoch gibt er die Hoffnung nicht auf. »Das hat etwas mit meinem Glauben zu tun«, erklärt der Umweltfachmann. »In der Bibel ist von einer Hoffnung die Rede, die nicht auf unserem Mist wachsen kann. Also: Gott hat diese Welt geschaffen, und trotz aller Probleme steht er zu seiner Schöpfung. Letzten Endes ist es Gott, der die Menschen verändert.«

> Jeder dumme Junge kann einen Käfer zertreten. Aber alle Professoren der Welt können keinen herstellen.
>
> Arthur Schopenhauer